U0903282

中华文化之美

朱惠良◎著

故宫出版社

目录

第五章　育

第六章　乐

第七章　习俗节庆

自序

《中华文化之美》脱胎于1985年版的《中国人的生活》。而《中国人的生活》之前身为《幼狮少年》月刊之专栏，以少年朋友为读者对象，希望借由文字资料、图画乃至出土文物，呈现古代中国人生活中食、衣、住、行、育、乐诸多面相，以引发少年读者对中国传统文化的兴趣。四年半总计写了54篇专栏文章，后由幼狮出版社结集成册出版。自1986年出版后，在台湾地区很受欢迎，被指定为学生课外读物，至1998年已第9刷。其间，日本二玄社与韩国公州大学分别将此书翻译为日文版与韩文版；香港地区也将书中《仁者乐山 智者乐水》一篇选入中学课本中；台湾地区光启社则于2012年将该书制作成有声书，分享给视力障碍读者。

2008年作者与幼狮出版社解约后，重返台北故宫博物院任职，工作极为繁忙。2011年退休后，经常外出旅行与演讲，重新出版此书之事一耽搁即十余年。2019年与故宫出版社达成共识，将《中国人的生活》简体修订版交予故宫出版社出版，2020

年确定繁体修订版交由台湾地区的时报出版社出版。

《中国人的生活》出版迄今三十余年，修订增补工作开始时，发现许多新的出土与研究资料，因此，将文章内容加以修改，有些文章甚至全部重写。同时，为配合修订之内容，增补更新了大量图版，行文风格则由原来针对少年读者的大白话改为适合一般读者的娓娓道来。

修订版新书名为《中华文化之美》，分为食、衣、住、行、育、乐与习俗节庆七部分，原版最初撰写的文章有些为一图一文，分量较为单薄，于是删除八篇，留下四十六篇，篇名全部改为七言，一则统一篇目格式，二则抒发作者小小的诗人情怀。

重读 1985 年所写的自序，感慨万千，当时通过公费留考赴普林斯顿大学攻读艺术考古学博士，在美国深造四年半，不能随侍年迈双亲膝下，故将该书首发原版献给疼爱我的父母。而今双亲已相继离世，这才深切体会何谓“树欲静而风不止，子欲养而亲不待”。新版出书在即，谨以这本全新的《中华文化之美》献给天上的爸妈！

最后，以本书末篇《月到中秋分外明》之语作为总结：“高挂天际的明月照着大地，一片宁静清幽。自古而今，同一轮月亮见证着一代又一代的中国人不断地学习成长，引领中华文明绵延发展，生生不息！”

朱惠良

2021 年 4 月 12 日 于八里疑不疑居

第一章

腊八尾牙 年夜饭

中国人一向被认为是最懂得“吃的艺术”。确实，中国人对食物的选材、搭配和烹调都极为考究，再加上中国幅员辽阔，各地有各自的特殊口味，所以，中国菜式的五花八门，常令人叹为观止。尤其到了节庆时候，主妇和厨师们更是挖空心思，做些可口又具有深意的菜肴共度佳节。这些节庆食物可以说是中国菜的精华，因为它们不仅色香味俱美，同时还充分体现了中国可亲又可爱的古老民俗。

春节，也称为旧历年，是中国节令中最大的节日。为了过春节所准备的食物统称为“年食”。中国人过年是从前一年的腊月，也就是农历十二月开始，过春节第一样年食就是“腊八粥”，是在腊月八日这一天吃的一种甜稀饭。通常，腊八粥是用黄米、大米、江米、小米、菱角、栗子、红豆和去皮枣泥八样东西熬成的，另外加上核桃仁、杏仁、瓜子、花生、松子、白糖或红糖来佐味。粥在腊月七日就上炉熬煮，腊月八日熬好后，先用来祭祖敬佛，然后和家人分而食之，也可以送给亲朋好友享用。在东北地区吃腊八粥还有一层含义。因为腊月七日、八日是一年当中最冷的两天，东北天寒地冻，冻手冻脚，所以，东北人喝腊八粥时，彼此都会祝福一声："黏一黏，好过年！"希望一碗热腾腾、黏糊糊的腊八粥可以把手脚紧粘在身上。

腊八过后，接着吃的就是十二月十六日的"尾牙"了。尾牙是中国南方沿海尤其是闽台地区的民间传统节日，源于商人拜祭"土地公"（又称"福德正神"或"社神"）的仪式。每个月的初二与十六是祭拜土地公的日子，称为做牙。二月初二为第一个做牙，叫头牙。年尾十二月十六是最后一个做牙，称为尾牙，主要是感谢土地公一年来的照顾。祭拜神明后的菜肴可以用来宴请员工，称为打牙祭。每到年尾，各商家行号会在尾牙期间以尾牙宴犒赏员工。现代各公司企业在年终举行聚餐晚会和员工联谊活动就是尾牙的遗俗。早期的商家要解雇伙计时，多是利用尾牙宴席来表示。被席桌上菜肴的鸡头朝向的员工，即暗示该人明年就甭来上班了。所以，老板想要请不太称职的员工"走路"的话，尾牙是一种不伤感情的含蓄表达方式。不过在现代尾牙宴中，老板

图1 清 周鲲 祭灶图
台北故宫博物院藏

一般会将鸡头朝向自己或朝向天，让员工们安心享用佳肴，回家后能过个安稳的新年。

尾牙过后，就到了腊月二十四日的祭灶节（北方小年为腊月二十三——编注）。这一天要祭拜灶君，亦称灶神或灶王爷。祭拜后就送灶王爷回天庭向玉皇大帝述职。灶王爷要向玉帝汇报家家户户的善恶是非，玉帝据此决定下一年对此户的奖惩报应——赐福或降祸。祭灶节这一天被视为过年的开端。清周鲲的《祭灶图》（图1）中，左下方有一间厨房，男主人在厨房中跪拜祭灶神。画幅上方是乾隆皇帝钦题南宋范成大的《祭灶词》：“古传腊月二十四，灶君朝天欲言事。云车风马小留连，家有杯盘丰典祀。猪头烂熟双鱼鲜，豆沙甘松粉饵圆。男儿酌献女儿避，酹酒烧（钱）灶君喜。婢子斗争君莫闻，猫犬触秽君莫嗔。送君醉饱登天门，勺长勺短勿复云，乞取利市归来分。”祭灶时备上好酒好菜，希望灶君醉饱登天门后多帮自己说好话。

腊月事先准备的年食都是禁放的，像腊肉、熏鱼、火腿和年糕等，到了除夕夜，就只忙年夜饭中现做现烧的部分。除了腊味外，炖只土鸡，烧条大鱼，这是各地年夜饭中必备的菜肴。土鸡补身，大鱼象征年年有余。另外还有素什锦，也是很多地方年夜饭中不可少的菜。素什锦是用豌豆、黄豆芽、豆干丝、胡萝卜丝、木耳丝、金针菜丝、酸菜丝等十种素菜炒成的。过年大鱼大肉吃多了，

图2　清　姚文瀚　岁朝欢庆图　台北故宫博物院藏

来点素菜最为爽口去腻。东北人家除夕夜喜欢吃火锅，里面各种山珍海味应有尽有，锅盖一掀老远就能闻到香味。北方大年夜一定下饺子吃，一锅水饺中只有一个里面包着铜钱，谁吃到这个“钱饺子”，来年就会财运亨通。

清代画院画家姚文瀚的《岁朝欢庆图》（图2）描绘的就是大户人家过年时的情景。上方阁楼中家仆们正忙着张灯结彩，儿孙辈则在庭院中游戏，中间厅堂里长辈们边吃边聊（图3），一家人欢乐团聚，一同庆贺佳节。

图3　清　姚文瀚　岁朝欢庆图（局部　年夜饭）　台北故宫博物院藏

图4　清　姚文瀚　岁朝欢庆图（局部　炙松子）台北故宫博物院藏

园中朱漆凳边摆着一篮带子松枝，一小童拿着松枝在炭炉中煨着松子，煨熟后就是深受孩子们喜爱的炙松子了（图4）。右边楼上的厨房里，妇女们正在调理酒食，一位妇人坐在凳子上忙着包饺子（图5），待会儿汤滚了捞起水饺，端进厅堂共进年夜饭时，就看哪个幸运的人能吃到那个“钱饺子”啦！

图5 清 姚文瀚 岁朝欢庆图(局部 包饺子) 台北故宫博物院藏

粒粒米粟皆辛苦

中国以农立国，农是国家的根本。自古以来，农民在全国人口中占了大头，农民生活是社会重心所在，农民勤劳节俭与刻苦的习性，也成为中华优秀传统文化的一部分。

中国农业起源极早，在新石器时代就已经有农作物的栽培。新石器时代文化遗址中，发现了小米、稻、白菜、花生、蚕豆、芝麻和菱角等农作物遗迹，同时也出土不少石制与木制的农具，如铲、刀、镰等工具。可见新石器时代的中国农业已经相当进步，可以进行有计划的耕种与栽培。

到了商周时期，中国人的主食作物又增加了麦和大豆，不过，耕种技术并没有太大发展。春秋末期，由于冶铁技术的发明，开始大量生产铁制农具。铁制农具较木、石制农具更为锋利，同时也开始使用牛来耕田，耕作效率明显提升，农作产量随之增加。为使农作收成更好，战国时期开始推动水利建设，强化灌溉设施，于是，农业发展一日千里，稻麦良田一望无际。

中国人种田的方式与步骤到汉代已经成熟定型，之后并没有多大改变，顶多是农具和水利设施的改良，农作基本形态则一直维持着汉代以来的古老传统。以南方稻作为例，稻子秋收以后，农家就翻松整理田中土壤，到了来年正月，再犁几次田，使土壤更细，利于播种。播种前，先将稻种浸泡三四天，然后浇上温水，帮助稻种早些发芽。播种后，秧苗须先在秧田中培植月余之后，才能用插秧的方式移植于稻田。嫩绿的秧苗插完后，须经常施肥、除草和灌溉，以保护并培育稻谷的生长。秋天到了，金黄的稻穗如层层波浪般在秋风中缓缓推移，这时最高兴的就是农家了，全家老少一齐出动，割的割，捆的捆，运的运，一年的汗水辛劳化为手中黄澄澄的稻谷，那份收获成就真是让人心满意足！

民以食为天。在古代中国，辛勤的农民是国家富强的基石，农民可以说是国家命脉。有感于农民们的贡献，历代文人以诗歌吟咏，画家用彩笔描绘，将农家生活种种入诗入画，表达对农民的感谢与敬佩。汉代壁画中已出现描绘农耕情况的绘画，其后各代均有不少以农村生活为主题的画作。

南宋时期，浙江於潜县县令楼璹曾跑遍该县辖下十二乡，深入田间地角，出入农家，长期观察农作与蚕桑纺织的生产过程，最后以诗配画的方式记录下当时的耕织技术，绘制完成《耕织图》四十五幅。全图有耕图二十一幅、织图二十四幅，完整呈现了当时的耕织体系，其中记载的许多耕织知识与生产工具一直沿用至今。楼璹的《耕织图》得到历代帝王的推崇和嘉许。到了清代，康熙皇帝见到楼璹《耕织图诗》后，有感于织女之寒与农夫之苦，传命内廷供奉焦秉贞以楼图为基础，重新绘制，计有耕图和织图各二十三幅，康熙皇帝并于每幅制诗一首。乾隆皇帝即位后，又令画院画家学习此风绘制多本《耕织图》，其中陈枚所绘甚得乾隆皇帝赏识，遂于每幅上方钦题恭和康熙皇帝《御制耕织图》诗原韵诗一首，册前并有乾隆皇帝题记："昔我圣祖仁皇帝尝谱农功蚕事之始终，绘图各二十三幅，幅系以诗序而刻之，以示子孙臣庶，予少见而慕之。及长，少知文律，口咏心惟，于序所称衣帛思织女之寒，食粟念农夫之苦，未尝不三复流连而不能自已也。爰依次布韵，引申触类，以阐教思之深，志景行之切。窃惟我皇祖临御天下六十有一年，实政深仁，沦浃于四海，皆重农桑，勤恤民隐之心，所充积而四达也。因命工绘前图，每幅书旧作于上，自惟辞义蹇浅，不足以续圣制之高深，而朝夕披览，庶几无忘初志，于我皇祖勤恤民隐之实心实政，孜孜不敢怠云耳。"

陈枚《耕织图》中"浸种"与"耕"二幅（图 1），描绘一

图1　清　陈枚　耕织图之浸种、耕　台北故宫博物院藏

名农夫捧着一竹篓稻种，正交给水田中的小童，准备开始浸种工作。浸种是让种子能充分地吸水，在适宜的温度、湿度下，促使种子迅速均匀地发芽。对幅“耕”图中的农夫正催着老牛犁田，将深层土翻到表层，增加土壤的肥沃度，准备播种。另有“拔秧”与“插秧”二图（图2）。稻种播到秧田中一个月左右，秧苗长成三片叶片加一片心叶后，即可拔秧移栽至大田中。对幅“插秧”描绘数名农夫捧着秧苗，一面弯身将秧整齐地插入水田中，一面闲话家常。而“收刈”与“登场”（图3）二图中，则见稻熟穗垂，一家老小忙着割稻拾穗，再将一束束黄澄澄的稻穗堆成草垛。

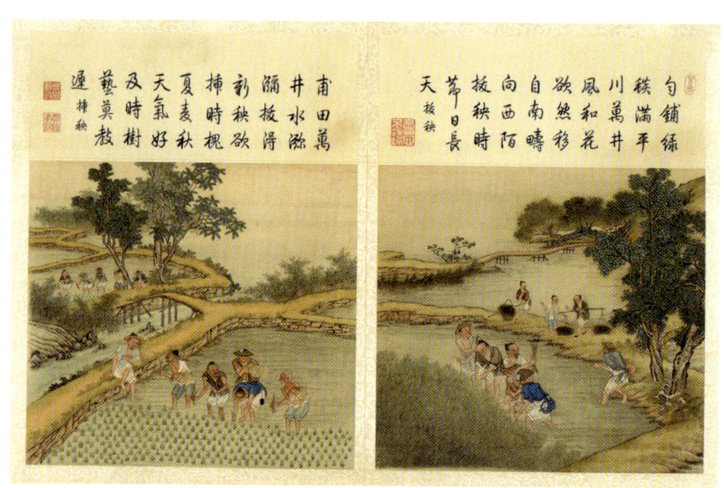

图2　清　陈枚　耕织图之拔秧、插秧　台北故宫博物院藏

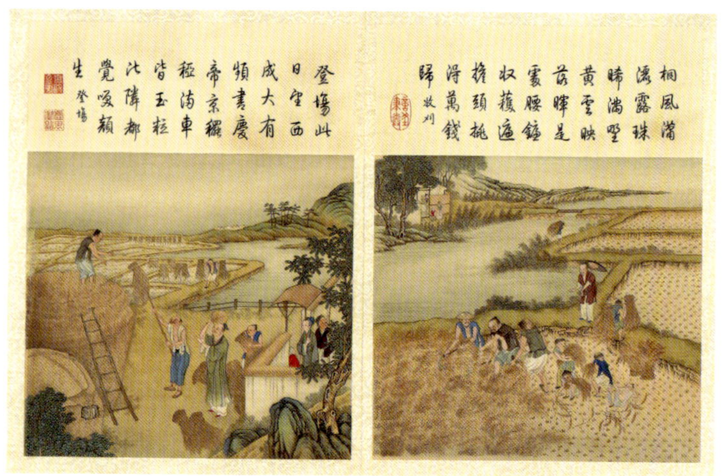

图3　清　陈枚　耕织图之收刈、登场　台北故宫博物院藏

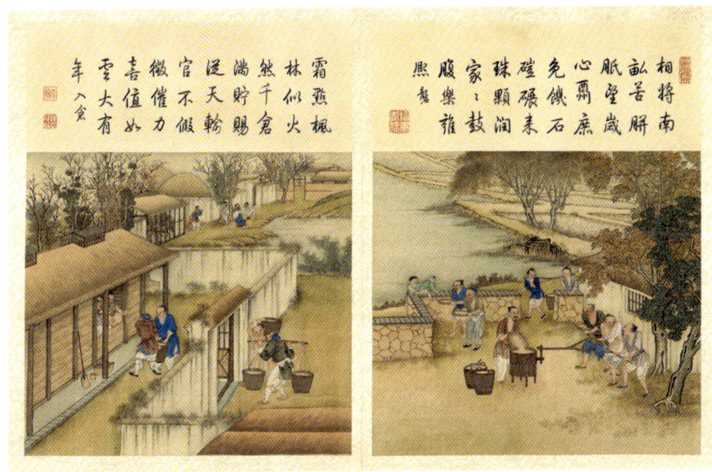

图4　清　陈枚　耕织图之砻、入仓　台北故宫博物院藏

然后将稻穗用竹篾围制成形状略像磨的农具“砻”去掉稻壳后，即可入仓贮存（图4）。待稻谷收割完毕，农民们叩首祭拜农事相关神明以答谢其庇佑，祈祷风调雨顺，五谷丰收（图5）。重视农事的皇帝更命当时的制墨名家曹素功，将祭神之图与御题之诗制成长方形墨，图画上方金书“祭神”（图6）。另一面金书御诗，墨侧有阳文款“曹素功谨制”。御制耕织图诗墨一套二十四件，收于双龙“御制耕织图诗墨”漆提盒。

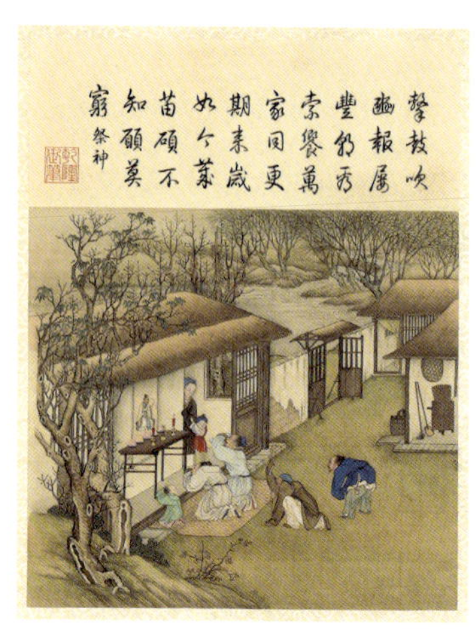

图5 清 陈枚 耕织图之祭神
台北故宫博物院藏

图6 清 曹素功 御制耕织图诗墨之祭神 台北故宫博物院藏

正如《耕织图》之“收刈”上方乾隆皇帝所题诗句“桐风潇洒露珠晞，满野黄云映落晖。是处腰镰收获遍，担头挑得万钱归”，收割好的稻子打谷碾米，留下家用部分后，再将稻米拿到市场交易，农家一年的辛苦换得钱来，保障了全家温饱和乐的生活。

揉面做饼 香四溢

中国人的日常饮食由主食和副食组成。主食因地而异，南方人以稻米为主，北方人则以小麦和粟为主。据考古发掘，中国最早人工栽培的稻谷出现于距今一万多年前的遗址中，而在距今四千年左右的遗址中则发现了最早的面条，可知新石器时代的中国人已经能够栽培稻与麦等主要农作物。

小麦磨成面粉，可以做成各类面食，而在古代中国，所有的面食都叫作饼。东汉《释名》记载:“饼，并也，溲面使合并也。”“溲”意为用水浸湿，即用水与面粉揉搓做出的食物叫作饼，因此，饼就成为古代面食的通称。

中国人吃饼的历史很久，在汉代就已经有专门主持饼食事务的官员，称为汤官。汉代的面食已有不少种类，但无论是笼蒸、

图1　魏晋　墓砖画之蒸饼　甘肃省博物馆藏

火烤、油炸、水煮或锅烙，都称为饼。一般而言，入炉烘烤的叫烧饼，入锅蒸的叫蒸饼，入汤烹的叫汤饼，用豆粉和糖做的油炸面圈叫环饼，含牛乳的叫乳饼。

现存最早描述饼食的文章，是西晋才子束皙在寒冬尝过风靡洛阳的汤饼后，写下的脍炙人口的《饼赋》。赋中提到将麦子去掉麦麸磨制成面粉之后，在春天可做成馒头，夏天做成薄凉面皮，秋天做发面饼，冬天则可做成汤饼。冬天的汤饼制作，先将面粉与水揉成面团，待汤烧滚之后，“面弥离于指端，手萦回而交错……弱如春绵，白若秋练……”将手撕成的面片或捻成的面条下锅煮熟，再加上事先备好的羊肉、猪肉、油脂、葱、姜、椒与盐等配料，即成汤饼。

古代人做饼其实跟现代人没什么两样，看看魏晋彩绘墓砖画中的妇女正在盆中揉面和炉上烙饼，后方墙上挂着铛与箕等厨具（图1）。新疆出土唐代墓葬群中的女俑们则呈现了唐代妇女做饼的全套过程：舂粮、簸糠、推磨、擀面和烙饼。待饼烙好以后，就可以像彩绘砖画中的女子一般端着饼食（图 2），送进厅中让等待的家人们饱餐一顿。

自汉代张骞“凿空”西域，东西方的商人沿着张骞探出的路径往来贸易，逐渐打造出举世闻名的丝绸之路，经由丝路引进的西域特产中有胡饼一项。东汉《释名》中记载：“胡饼，作之大漫冱也，亦言以胡麻著上也。”“漫冱”是面糊的转音，东汉时期把面糊上铺芝麻的饼叫作胡饼。北魏时期《齐民要术》载有胡饼做法：“面一斗，羊肉二斤，葱白一合，豉汁及盐，熬令熟。炙之，面当令起。”记述唐人生活的《唐语林》一书更详细记载了

图 2　魏晋　墓砖画之奉饼　甘肃省博物馆藏

当时调制胡饼的方式:“时豪家食次，起羊肉一斤，层布于巨胡饼，隔中以椒豉，润以酥，入炉迫之，候肉半熟食之，呼为‘古楼子’。”胡饼由汉至五代而宋，在中原甚为流行。到了现代，还有餐厅根据《唐语林》的叙述，将羊肉馅铺在大胡饼夹层中加入青椒豆豉，再将饼贴在炉内，等羊肉烘烤至半熟状态，又香又酥的“古楼子”胡饼就可出炉享用了！

宋代画家张择端在《清明上河图》中描绘了汴梁街头胡饼摊子（图 3）供不应求的情况。店主忙着把烙好的胡饼递给排队的顾客，炉边架子上摆着十几个压有花纹的胡饼，模样和现在的新疆烤馕一样。馕是自西域传入新疆的胡饼。正如宋孟元老《东京梦华录》书中描述："八荒争凑，万国咸通。集四海

图 3　宋　张择端　清明上河图（局部　胡饼摊子）
故宫博物院藏

之珍奇，皆归市易；会寰区之异味，悉在庖厨。”《清明上河图》中呈现的即是北宋都城汴京的繁荣景象。

中国历史上，吃胡饼最为人知晓的故事当推东晋大书法家王羲之。《太平御览》中记载：“郗虞卿闻王氏诸子皆俊，令使选婿。诸子皆饰容以待客，羲之独坦腹东床，啮胡饼，神色自若。使具以告，虞卿曰：‘此真吾子婿也！’问为谁，果是逸少。乃妻之。”王羲之在岳父挑选女婿时，不但没有像其他兄弟一般刻意装扮，反而打着赤膊神色自若地在东床上啃着胡饼吃。这样潇洒不做作的王羲之被岳父郗鉴相中，决定将女儿郗璇许配给他，后世“东床快婿”一词即典出于此。

经过近两千年的衍化，饼发展出各种各样做法与名称，如饽、馍、馒头、包子、锅盔、火烧、面片和面条等等，林林总总不一而足。还有些取了极好听名字的饼，例如五福饼是包着五种不同馅料的饼；莲花饼是包着十五层颜色馅，每层馅里都做一个折枝莲花的饼，相传这种饼的做法是北周时期从宫廷中流传出来的。

想吃汤饼的话，就把揉好的面团撕成面片或捻成面条，下到煮滚汤水的锅中，不一会儿搁上葱、姜、油、盐、花椒等作料，热腾腾的汤饼上桌，那股香气可就像《饼赋》里形容的：“气勃郁以扬布，香飞散而远遍，行人垂涎于下风，童仆空嚼而斜眄，擎器者舔唇，立侍者干咽。”想试试吗？自己在家也做一锅吧！

煮煎点泡饮茶趣

饮茶的风气在中国由来已久。茶最初是当作药用的，因为它能祛痰、驱热、解渴，又能提神、消宿食并便利排泄，所以，人们有了这些毛病时，就取茶叶煎煮服用。茶味虽苦，但饮后口中仍留甘味，颇得人们喜爱，久而久之，茶就变成日常饮料了。

历代饮茶风俗各异，由茶叶加工程度、制茶工序以及所用器具之不同，可将历代饮茶方式分为煮茶、煎茶、点茶与泡茶四种。隋唐以前茶叶几乎没有加工，多被当作药材或食材，所以，最早的饮茶方式近似于烹制中药，将新鲜或晒干的茶叶加水煮成汤汁饮用。

到了唐代，开始将茶叶制为茶饼，或称团茶，可长久贮存。饮用时将茶饼炙烤碾碎后，将碎茶末投入煮沸的水中煎煮，然后将茶汤舀入茶盏中饮用，是为煎茶。有时也会加入葱、姜或橘皮等其他辅料饮用。煎茶是一门学问，不像现在滚水一冲即成。唐代煎茶情景可于阎立本的《萧翼赚兰亭图》中得见（图1）。画中

图1　唐　阎立本　萧翼赚兰亭图　台北故宫博物院藏

央是一个鼎炉，内燃炭火，火光由鼎壁小窗透出，顶上单把锅内正煮着茶汤。老仆人手持的调茶工具，叫作茶筅，是煎茶时用以在锅内搅匀茶末的用具。手持黑色盏托及白色茶碗的小童躬身立于一旁，等着将煎好的茶汤注入碗中。以前的茶碗或茶盏没有把手，注入热茶汤后用盏托承着，以免烫手。现在喝茶已不用盏托，另以小茶碟子代替。盏托形制大同小异，材质则有漆、木、瓷或金属等，多在口沿花饰上加以变化。如宋代定窑牙白茶托（图 2），形如带

图 2 宋 定窑茶托 台北故宫博物院藏

盘之碗，茶托上方的深腹碗形为承放茶盏之托圈，托中空无底，盘口及圈足均镶铜边，圈口与盘口刻划回纹为饰，釉色牙白莹润，十分美观。宋代刘松年的《碾茶图》（图 3）中描绘了碾茶的场景。画幅左下的仆役正转动碾磨将茶饼碾碎成茶末以便筛细贮存；芭蕉湖石旁之方桌上，叠放着茶盏、盏托、筛茶的“茶罗”和贮茶的茶盒等茶具；桌旁一仆役一手执茶盏，一手执茶瓶正将茶汤注于茶瓯中，茶瓯边放着茶筅；方桌侧架一茶炉，桌后则是上覆防

图3　南宋　刘松年　碾茶图　台北故宫博物院藏

潮箬叶的贮茶茶瓮。

宋代是中国饮茶的黄金时代。当时流行点茶，是将碾好的茶末置于茶盏，再以沸水注入，冲点而成，并发展出评比茶艺技巧手法的斗茶。斗茶先以点茶法冲泡，点茶前须先温盏，使茶末易于浮起。温盏后将茶末撒于盏中，并将烧至九十摄氏度左右的热水加入少许之后，均匀搅动成膏糊状，接着注入沸水时，须用茶筅击打拂动茶汤，让茶汤泛起汤花，最后评比优劣。斗茶决定胜负的因素主要是汤色、汤花与茶味。汤色即茶水颜色，以纯白为上，其次为青白、灰白和黄白；汤花是指汤上泛起之泡沫，以匀细鲜白为上；茶味则与水温有关，罗大经《鹤林玉露》载："汤欲嫩，而不欲老；盖汤嫩，则茶味甘，老则过苦矣！"所以，斗茶必须做到色、香、味俱佳，才能获胜。宋代斗茶好用白茶黑盏，白茶是用茶树春暖抽芽时的白色嫩尖制成，色白似雪，冲在黑色的茶盏中，黑白相映，煞是好看。古诗有"呜碗翻汤涌雪花""紫玉瓯心雪涛起"等句，都是形容斗茶时的盏中美景。

除了斗茶，宋代还流行茶宴，宋人《文会图》（图 4）中就描绘了一场典型的茶宴。五名童仆正在准备茶酒，中央一人用勺将煮好的茶汤舀入黑茶托上的青瓷茶碗中，左侧炭炉上正烫着两壶酒，已烫好的酒则搁在右侧方几上装有热水的青瓷温碗中保温。通常温酒碗与酒壶的花色是成套的。目前唯一传世的

图4 宋 文会图 台北故宫博物院藏

宋代汝窑温碗（图5），造型像一朵绽放的莲花，花瓣微微外张，淡淡的青釉色中带了点蓝，全身满布细密的开片纹，如同五代顾闳中所绘《韩熙载夜宴图》（图6）中那样用成套酒壶温碗来温酒奉酒，之后再来一杯清香扑鼻的热茶，岂非人间一大乐事！

图5　宋　汝窑莲花温碗　台北故宫博物院藏

中国人饮茶因明代禁造团茶改用芽茶（即叶茶），而发展出新的泡茶方式，即将茶叶直接放入茶壶或茶碗、茶杯中，再注入沸水冲泡后饮用。因泡茶法简便，从此取代了以往的煮茶、煎茶与点茶方式，一直沿用至今。

图6　五代　顾闳中　韩熙载夜宴图（局部）　故宫博物院藏

扑枣吃枣 推枣磨

水果和点心是中国人常见的吃食，水果中的枣很受欢迎。枣属温带果树，是中国的原生水果，果肉香脆，味甜或酸甜，汁液丰富，吃起来很爽口。中医认为枣性平，味甘涩，具有健脾养颜、生津益胃、安神宁心以及通便利尿功效。古籍记载："日食三枣，长生不老"，所以，枣被古人称为长寿果。清代《本草备要》谓大枣能"补中益气，滋脾土，润心肺，调营卫，缓阴血，生津液，悦颜色，通九窍，助十二经，和百药"，可知枣能够帮助消化，促进食欲，益气补血，益胃生津，养颜美容，是对身体健康很有帮助的水果。鲜枣当水果吃，干枣则宜煲汤、煮粥、泡茶、当零食吃，吃不完的枣子做成枣泥，吃法就更多样了。

枣树通体是宝。枣木密实坚硬，适合做马车车轴或房屋立柱；

枣叶能入药，叶芽或嫩枣叶制成茶，可以养心安神，降低血脂并提高免疫力；枣花蜜则具有抗菌消炎，润肺肠，补脾益肾，解毒保肝与养生延年等功效；枣素有“天然维生素丸”的美誉，无论鲜枣还是干枣，都有滋阴补血之效。中国的枣品种繁多，鲜枣有两百多个品种，经过干燥、腌渍、蜜制后更多至七百多种。枣大小不一，形状有长圆、椭圆和圆形等。新鲜枣吃不完，可以用来制作枣酒，或者保存在酒液中制成酒枣。

唐代诗圣杜甫回忆少年时摘枣情景：“忆年十五心尚孩，健如黄犊走复来。庭前八月梨枣熟，一日上树能千回。”到了农历八月中旬，枣已熟得艳红，站在枣树底下，拿一根竹竿朝树梢上打几下，就会有不少红枣落地。刚落下的枣儿脆甜可口，特别好吃。清代宫廷画家冷枚在《农家故事图》册之“打枣”（图 1）中生动地描绘小孩儿打枣的情景。小家伙有的持竿打着枣枝，有的撩起衣角等着接掉下的枣，也有的急忙弯腰捡着掉落一地的红枣。宋人画《扑枣图》（图 2）中，七位小童兴高采烈地围绕着一棵枣树，站在方凳上的小童踮着脚伸手摘下枣儿，身后一童扶着他怕有闪失，另一小童头顶竹盘盛放枣，其余四童或是拽着枣枝，或是伏身拾枣，或是用衣襟兜枣，或是抱着枣罐子。一会儿小童们把枣搬回屋里，就可以大快朵颐了。

枣还能做成枣磨供小朋友玩耍。看看宋代画家苏汉臣《秋庭

图1　清　冷枚　农家故事图册之打枣　故宫博物院藏

戏婴图》(图3)中的枣磨，是用三枚鲜枣做成，比较大的一颗枣子削去上半部果肉，露出枣核尖，下边插上三根竹签作为磨台，另外用两颗大小相当的枣插于细竹篾两端，再将插着鲜枣的竹篾搁在磨台的枣核尖上，取得平衡后就可用手指推枣转动玩耍，形似推磨。姐弟二人围着黑漆圆凳，正聚精会神地玩着推枣磨的游戏。他们两

图2　宋人　扑枣图　台北故宫博物院藏

人轮流推枣磨，比赛谁转得最稳、次数最多。

苏汉臣最擅长画儿童，右侧女孩穿着白色浅花纹的交领衫（图4），系着红腰带，下着白纱长裤，头上发髻用青绢包裹，是当时少女常梳的双丫包髻，青红色发带上垂于面部的珍珠装饰物叫作“珍珠钗插”。男孩身穿红色金纹对襟罩衫，下着白色印花裤。头发

图3　宋　苏汉臣　秋庭戏婴图　台北故宫博物院藏

图4　宋　苏汉臣　秋庭戏婴图（局部　推枣磨）
台北故宫博物院藏

剃光，只留顶前一绺，是古代男孩流行的发型，称为鹁角。《宋史》中记载："剃削童发，必留大钱许于顶左，名'偏顶'，或留之顶前，束以彩缯，宛若博焦之状，或曰'鹁角'。"白衣女孩小嘴微张，露出一排细细的白牙，手指略张，像是刚刚拨弄完转盘；红衣男孩嘴角微翘，似笑非笑，伸出小手正要推动枣磨，紧张得罩衫都滑脱了肩膀，显然是战况胶着！

两人的体态服饰写实自然，稚气的神情与动作栩栩如生，全神贯注的眼与跃跃欲动的手，全都聚焦于漆凳上的玲珑枣磨。别瞧枣磨小，它可好玩得能让人打发掉大半天时光呢！

第二章 衣

蚕桑成熟 织夏衣

三万年前的中国，北京周口店山顶洞人已经开始用骨针将兽皮缝制成蔽体的衣物；之后，聪明的古代中国人更发展出用植物纤维织成麻布的技术；到了公元前五千年左右，黄帝时期的人们已经懂得饲养家蚕，然后缫丝织成丝织物，相传黄帝之妃嫘祖就是教人们养蚕的始祖。商周以后，随着社会经济的发展，蚕桑丝织业越来越兴盛，中国也是当时世界上唯一能生产丝绸的国家。中国丝织品种类繁多，如绫、罗、绸、缎、锦、绢、纨、纱等。由于丝织技术先进，制作精美，汉代时丝织品即已著称于世。西汉张骞通西域后，中国与中亚、印度间的丝绸贸易遂取道张骞探出的西域商道，大量丝织品经由西域销至中亚与欧洲，此一路径即是举世闻名的“丝绸之路”。

早期的丝织工艺大都出于一般百姓之手，从采桑、养蚕、煮

图1　清　陈枚　耕织图之采桑、分箔　台北故宫博物院藏

茧、缫丝到纺织全是自家人包办。每到蚕熟时节，一家老小全体总动员，里里外外，分工合作，忙得不亦乐乎。在江南一带，一年蚕可四熟、五熟，最忙的一季就是春末夏初，这时候家家户户将交际应酬几乎全都取消，所有的人力物力都集中在蚕事上面。古代中国，耕田是男子的事，养蚕织布就是女人的工作，一到蚕熟，妇女们可就忙到连头发都没时间梳了！

丝绸是用丝织成的，丝是蚕吐出来的，而蚕又是靠吃桑叶长大的，所以讲到丝绸制作首先要从桑树谈起。桑树是一种极有用处的树木，其木材可以做器具，树皮纤维可以造纸，果实为桑葚，可以食用，桑叶可以饲蚕。清代院画《耕织图》中的“采桑”与“分箔”（图1）图中，腰系竹篮的小童正爬上桑树干准

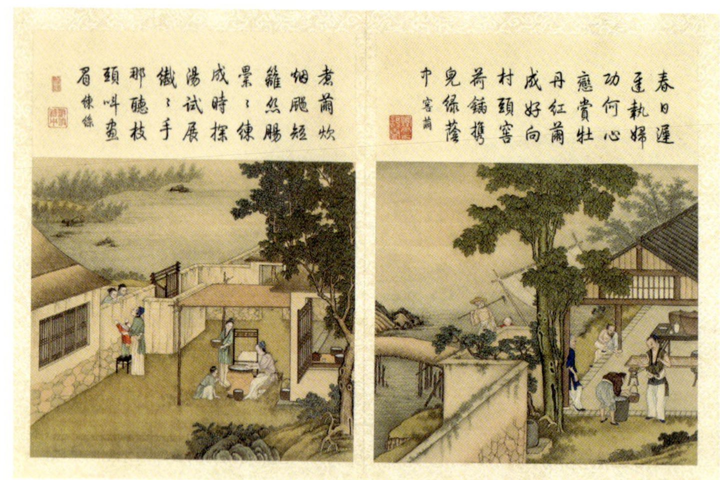

图2 清 陈枚 耕织图之窖茧、练丝 台北故宫博物院藏

备摘取桑叶，另一小童则已摘满一篮桑叶，正在一把一把地抛入下面大叔的衣兜里，落到地上的桑叶则由小伙伴捡拾起来放入大竹篓中。等大竹篓都贮满桑叶，就可以担回去喂养蚕宝宝了。蚕宝宝吃桑叶逐渐长大，等蜕四次皮、眠四次后，开始吐丝结茧。结茧时需仔细分箔置放，待茧结完后，再经过几道工序即可制成丝帛。

《耕织图》中“窖茧”与“练丝”（图2）图中，右幅一男子正将成茧称斤论两，另一男子将称好重量的成茧放入竹篓中，准备入窖存放。左幅二位妇女，一位捧着一篮已挑出来的圆正好茧。已择拣出来的好茧入水煮后丝绪不乱，缫起丝来不易纠结。另一妇人蹲踞在地，以竹管吹风扇火煮茧。蚕茧是由丝素与丝胶构成，

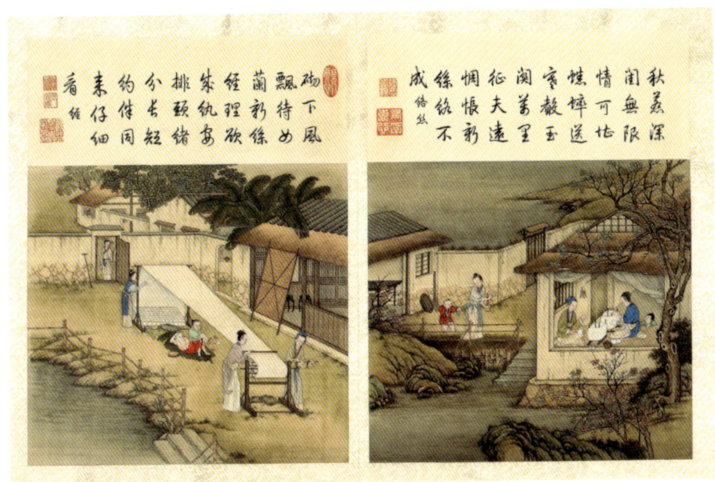

图3　清　陈枚　耕织图之络丝、经　台北故宫博物院藏

丝素是近于透明的纤维，丝胶是裹于丝上的黏性物，丝不溶于水，而丝胶则易溶于水。用水煮蚕茧使丝胶分解，蚕丝易于抽引而出，这道工序称为“缫丝”。一男子坐于炉旁，用竹条将丝头挑起挂于架上之缫筒，这种随煮随抽丝的方式称为“热釜缫丝”。刚缫好的丝上还存有丝胶和杂质，需要再经过“练丝”工序才能进一步去除。练好的丝极细，需要将几股丝缠在一起，增加丝的韧度。《耕织图》中“络丝”与“经”（图3）图中描绘妇女将二大轮上的细丝捻成一股，缠绕在小轮上备用。络好的丝即如乾隆皇帝的题诗所云“新丝经理欲成纨，安排头绪分长短”，然后就可以织成一匹匹美丽的丝帛了。

中国古代神话传说中有一蚕神名“蚕丛”，他是养蚕专家，

图4 明 吴彬 岁华纪胜图册之蚕市 台北故宫博物院藏

带领百姓从四川岷山迁入成都平原。蜀地在蚕丛治理下，以蚕桑兴邦，经济勃兴，国力强大。

北宋黄休复《茅亭客话》中记述，蜀中有蚕市，父老相传，古蚕丛氏为蜀主之时，民无定居，跟随蚕丛迁徙，所在即招致为市，进行交易，暂时居处。这样的习俗逐渐发展为蚕市，即买卖蚕具的市集。每年正月至三月，成都州城及属县循环开设蚕市十五处，买卖蚕具兼及花木、果品、药材杂物，并供人游乐。

苏辙曾于诗中言道："眉（四川古称）之二月望日，鬻蚕器于市，因作乐纵观，谓之蚕市。"成都蚕市源于唐代，宋代已发展为蚕市最为兴盛的时期，其交易活动频率之频繁、规模之大皆为空前。明代画家吴彬《岁华纪胜图》册之"蚕市"（图4），描绘农家采桑、上蔟、择茧、煮茧、缫丝、织布等情况，织好的丝帛成篓成篓地由水路或陆路运到蚕市中贩卖，农家老老少少全体总动员，分工合作，忙得不亦乐乎。

古人养蚕治丝，从栽桑、采桑、上蔟、择茧、缫丝、络丝到染色、纺织、剪帛乃至成衣，我们身上所穿的一丝一缕真是来之不易啊！

捣练熨整制新衫

古代养蚕所取之丝由丝素与丝胶构成，虽然经过煮制缫丝工序后，可以除去部分丝胶和杂质，但丝素上仍会有残余黏附。所以，缫丝所取之丝质感较粗糙僵硬，需要再经过“练丝”这道工序进一步去除丝上的丝胶与杂质，使其更加柔软白净，呈现出光滑富弹性的丝质特色。通常将已练过的丝称为熟丝，未练的丝叫作生丝，熟意为精制，生是指粗制。

生丝制成的织品通称为练，质地硬而发黄，必须经过煮沸、漂白和捣练等工序，才能制成衣裳。捣练是古代制作丝质衣服必经的步骤，用木杵反复捶捣漂煮过的丝帛，使生绢上的丝胶脱除成为洁白柔软的熟绢。捣好的素练经过熨烫平整后，即可裁剪缝制成衣裳，所以捣练也称作捣衣。宋代以前，采用站立执杵捣练方式，杵长与人同高；宋代以后渐由站立执杵改为对坐双杵，杵长缩短，双手各握一杵捶打，如此既省力，又能提高效率。

古代社会男耕女织，捣练工作皆由妇女担任，捣练通常在秋夜，因为古时妇女白日多操持家务，捣练、纺织、缝纫等工作要到夜晚才有时间进行。秋天是染布的时节，捣衣是染布前后的工序，如在白天舂捣，丝帛曝晒于阳光下，会迅速干燥，质地脆裂不利于缝制，故宜于夜间舂捣后风干。所以，诗文中关于捣练的描述皆为夜晚，如李白的“长安一片月，万户捣衣声”和杜甫的“客子入门月皎皎，谁家捣练风凄凄”等。唐代诗人王昌龄的《长信秋词》“长信宫中秋月明，昭阳殿下捣衣声。白露堂中细草迹，红罗帐里不胜情”，则委婉地用秋季月夜宫闱殿宇中的捣练声，来凸显宫廷妇女的萧索落寞。

六朝以来开始兴起捣衣题材的文学作品，诗人将捣衣声响与熨整裁衣的情景化为生动的文字，如唐人《送衣曲》：“月明中庭捣衣石，掩帷下堂来捣帛。妇姑相对初力生，双揎白腕调杵声。高楼敲玉节会成，家家不睡皆起听。秋天丁丁复冻冻，玉钗低昂衣带动。夜深月落冷如刀，湿著一双纤手痛。回编易裂看生熟，鸳鸯纹成水波曲。重烧熨斗帖两头，与郎裁作迎寒裘。”诗中“重烧熨斗帖两头”句描述的是将捶捣漂煮过的丝帛以熨斗烫干。明代仇英的《汉宫春晓图》(图 1)中，描绘有宫女们将捣洗过后的素练烫平的景象，两名宫女手持木棍穿过素练，分别往两端拉扯，使绢面平滑无皱，另两名宫女一手托着素练，一手拿着盛满烧红木炭的铜熨斗在绢上滑动，把捣捶拧干而生皱褶的素练熨烫平整。两汉时期的人们已经开始用熨斗来熨烫衣服。古时候的熨斗像一支长柄大勺，一端长把为手握之处，另一端平底碗状物则用以盛放烧红的木炭，借平底产生的热量来熨平衣物。因为它的形状像天上的北斗星，所以也叫北斗，而熨烫衣服须将烧红的木炭放进平底碗中使用，因此也

图1 明 仇英 汉宫春晓图(局部 熨烫) 台北故宫博物院藏

图2　宋　牟益　捣衣图（局部“檐高砧响发，楹长杵声哀”）　台北故宫博物院藏

叫火斗。如果是采用鎏金工艺精制的熨斗，则称为金斗，如南朝梁简文帝诗句“熨斗金涂色，簪管白牙缠”，是富贵人家用品，民间一般寻常百姓可是用不起的。

以捣衣题材入画，则不仅展现妇女捣衣的情景，更多着墨于闺中女性幽怨含蓄美之呈现，例如宋代画家牟益的《捣衣图》。此图是依南朝诗人谢惠连《捣衣诗》之诗意而作，明代书家董良史将该诗题于卷末（图4）。牟益以白描淡墨描绘妇女们在晚秋将寒时节，进行捣练、剪裁、制衣、装箱、封寄的情景。

曲栏双楹间挂着湘帘（图2），帘下一女举杵捶捣，一女

图3 宋 牟益 捣衣图（局部“裁用笥中刀，缝为万里衣”） 台北故宫博物院藏

理鬓拭汗稍事歇息，画幛前的主妇端坐圈椅上监看捣练工作，这个场景正是谢惠连诗句“檐高砧响发，楹长杵声哀。微芳起两袖，轻汗染双题”的画面；接着在山水屏风床榻上（图3），二女裁布一女缝衣，另三女于榻旁屏侧观看，呼应“纨素既已成，君子行未归。裁用笥中刀，缝为万里衣”诗句；卷末榻上三女，二女将制成的冬衣装入箱箧，一女手持腰带，露出不知

图4　宋　牟益　捣衣图（局部“腰带准畴昔，不知今是非”）台北故宫博物院藏

尺寸是否合适夫君的愁容（图4），正是“盈箧自余手，幽缄候君开。腰带准畴昔，不知今是非”之景。画中妇女们眉宇间多有愁思，一面为出征在外的夫君准备冬衣，一面又担心其安危，脸上难掩焦虑之色。素淡的白描技法烘托出捣衣妇女们含蓄而哀戚的情绪，全画弥漫着淡淡愁思与伤感，是捣衣题材绘画中之精品。

结鬟盘髻 金步摇

女为悦己者容，中国古代女子的装扮中，发式是极为重要的部分，不论编辫、绾髻乃至假髻，造型千姿百态，命名更是五花八门。根据文献记载，秦汉时期妇女的发式已有凌云髻、望仙九鬟髻、参鸾髻、黄罗髻、迎春髻、垂云髻、神仙髻、坠马髻、倭堕髻与同心髻等名称。如汉乐府诗《陌上桑》中“头上倭堕髻，耳中明月珠”，描述罗敷头上梳着偏向一边的发髻，耳上挂着像月亮一样明亮的珍珠。魏晋南北朝妇女发式以发多而长为美，故常用假髻戴于头上，再饰以珠宝发饰。

古代妇女发型是依梳、绾、鬟、结、盘、叠和鬓等方式完成，梳法可概括分为结鬟式、拧旋式、盘叠式、结椎式、反绾式、双挂式等六类。如用拧旋式梳成的“灵蛇髻”，相传是魏文帝曹丕之后甄宓仿灵动游蛇之姿态，将长发拧转盘结于顶绾结而成的发髻。曹丕弟曹植对甄氏情有所钟，将甄氏幻化为洛神而作《洛神赋》以抒发情怀。元代卫九鼎依此典故在《洛神图》(图1)中，描绘绾着灵蛇髻的洛神凌波微步于洛水之上，优雅的身影飘忽若神。

魏晋时期妇女流行一种偏垂在一边的发髻，其梳编法是将头发拢起绾结成一个大椎，椎中结丝绳，任其堕于头侧或脑后。据说这种偏垂的发髻是东汉女子孙寿所发明，因发髻松垂，像要坠落一般，故名为“坠马髻”。《唐人宫乐图》(图2)中，描绘十名宫廷女乐师围坐于长方大桌四周，有的品茗行酒令，有的吹奏觱篥和笙，有的拨着琵琶，轻抚

图1　元　卫九鼎　洛神图
台北故宫博物院藏

图2 唐 唐人宫乐图(局部 坠马髻) 台北故宫博物院藏

古筝。其中五位即绾着坠马髻，松绾的发髻往一边倾侧，还真像骑马时不留神从马上滑落下来一般。

到了唐代，国势强盛，经济繁荣，社会开放，近悦远来，加上与西域各族的交流融合，在发型服饰上有了大幅度创新。唐代文学家段成式在《髻鬟品》中记载了自古至唐的发型不下百余种之多，创新发式有各种名称，有的以流行的地区名相称，如云南乌蛮地区流行的发髻就叫作乌蛮髻，新疆回鹘妇女梳的就叫回鹘髻。有的是按髻的梳法与造型命名，如半翻髻、反绾乐游髻、双

图3　唐　唐人宫乐图（局部　垂髻、花冠）　台北故宫博物院藏

环望仙髻、百合髻和螺髻等。尽管发髻名称五花八门，但归纳起来不出垂髻与高髻两大类。《唐人宫乐图》中左上方站立一旁手持牙板的宫女梳的是“垂髻”（图3），脸颊两侧各结一髻，垂于耳际，通常是年纪较小，身份较低的女子所梳之髻；另三位手执纨扇、吹笙与弹筝者所梳的即是高髻。

唐代女子以丰腴为美，自盛唐以后，更是崇尚圆润雍容的女性美，杨贵妃即为典型。《唐人宫乐图》中面如满月的女子正是当时的美女，她们在额头、鼻梁和下巴三处涂上白粉，是流行的

图4 宋 李嵩 听阮图(局部 步摇) 台北故宫博物院藏

“三白法”妆容。眉以下抹胭脂、描斜红、涂唇脂，并在眉心贴上金银彩片作为装饰，叫作“花钿妆”，此即唐代诗人温庭筠《南歌子》中所谓“脸上金霞细，眉间翠钿深”。吹奏笙与觱篥的二位女子画着八字眉，正是大唐元和年间，长安贵族妇女流行的时世妆。唐朝妇女为使发髻更加美观，还会在髻上插金银珠玉等不同设计的发饰，她们的发髻上插着簪、钗、篦栉，或如《唐人宫乐图》中执扇与吹笙者戴着华丽花冠（图 3）。

古代富贵人家女眷为让发型更出色，还会插上金步摇。这种发饰起于春秋战国，其制作多以黄金屈曲成龙凤等形，再缀以珠玉，随着脚步的移动，垂缀之珠玉会不停摇动，因而称为步摇。如宋代李嵩所绘《听阮图》（图 4）中，弹奏阮咸的女子头上即插着一支缀满珍珠的飞龙步摇。六朝以后，花式愈加繁复，如鸟兽花枝等样，或于笄、簪、钗上加以珠玉垂坠。如明代仇英《汉宫春晓图》（图 5）中的女子们，不论是在下围棋，或在读书、玩乐，

图5　明　仇英　汉宫春晓图（局部　步摇）　台北故宫博物院藏

图6　五代　浣月图（簪花）　台北故宫博物院藏

都戴着各式步摇。当她们起身轻移莲步时，步摇将不断颤动摇曳，充分展现女性婀娜多姿之美。

唐代贵族妇女喜欢摘鲜花作为发饰，尤其是颜色鲜艳的大朵牡丹或芍药，戴在头上更添富丽气息。据《开元天宝遗事》记载："开元末，明皇每至春时旦暮，宴于宫中，使嫔妃辈争插艳花。"唐代妇女的簪花风俗在五代人画的《浣月图》（图6）中清楚可见，皎洁明月映入水池中。头裹巾帼的盛装仕女正探手欲捞月，她的头上即簪着一朵大牡丹和各式花朵。

和现代女性一样，在古代女子生活中，修饰自己是一门重要的课题，而所谓修饰，除了外在容貌，品德个性的内在修饰更需注重，这样才是令人向往的真正女性美啊！

珠玉冠子 布包髻

古代中国将一切裹首之物，即头上所戴或装饰之物，通称为首服。汉族男子到了二十岁当行束发戴帽仪式，女子到十五岁则行束发插簪仪式，分别称为冠礼与笄礼，表示已经成年，由此可知首服之重要。

在商周时期，戴帽子是男子的专利，女子顶多是在头上戴些珠翠花朵作装饰而已。到了汉代，皇帝开始赐妃子们戴芙蓉冠子，于是，女子戴冠的风气始开。女冠比起男冠来当然要美丽得多，而最光彩夺目的女冠又非皇后之冠莫属了。后冠由汉代发展到宋代已达奢丽之极致。《宋高宗后像》（图 1）所戴者即典型的宋代皇后冠，这种后冠叫作龙凤花钗冠，用金银镶嵌珠宝而成，并以珠宝的多寡来定尊卑。皇后冠通常饰以大小珠花二十四株，皇妃

图1　宋　宋高宗后像　台北故宫博物院藏

则减为十八株。龙凤冠规格极高，只有太后与皇后身份才能佩戴。高宗后的冠首中央饰一口衔珠串的龙头，冠檐上方缀以成排珠宝人物，冠后左右各垂点翠扇式翅叶三片，冠檐珠饰与耳鬓坠饰，皆为大颗珍珠，远望过去一片珠光闪闪。珍珠是当时女冠流行的嵌饰，所以，不论是在首都或是在其他城市，珍珠铺子的生意都好得很。宋代政府曾特地在南海设置采珠专官，以配合市场对珍珠的大量需求。

到了明代，后冠大体还是承袭宋代式样，只是形式稍为简化些。如《明孝安皇后像》(图2)中的后冠已不像宋代那样缀满珍珠，孝安皇后冠顶所饰九只金龙与六只凤凰打制得尤为精美，色彩鲜艳，造型生动，珍珠只用来装饰重点，配上红、黄、蓝、绿各色宝石，让明代的后冠显得更为缤纷生动。

历代后冠中最别致的应该是元代皇后所戴的罟罟冠了。罟罟冠又名姑姑冠，是元代已婚贵族妇女流行的一种帽子。这种特殊头冠是用木条做成框架，再用桦树皮围合缝制，外面糊上红色锦缎后饰以珠玉而成。地位越尊贵，冠上装饰也越讲究。如《元世祖皇帝后像》(图3)中所示，冠面以多彩宝石与珍珠排列成花蝶等图案，冠顶饰五色翎毛，富贵而大方，展现出元代皇室的奢华富足，而高耸的冠顶与元代妇女的圆脸及一字眉形成协调的搭配。

图2　明　明孝安皇后像
台北故宫博物院藏

图3　元　元世祖皇帝后像
台北故宫博物院藏

宋代妇女上自王妃下至普通百姓都喜欢戴冠，尤其崇尚高冠。宋仁宗时期极为流行的白角冠是用白角制成，冠上还插以数把白角梳，左右对称。白角冠偏长，有的甚至长及肩部，故又有等肩冠或垂肩冠之称。记载中白角冠有“长三尺者，登车檐皆侧首而入”，可以想见其冠之高。另有一种重楼子冠是仿名品牡丹而成的高冠。据记载，洛阳之牡丹因栽培得法，花朵有重台高及二尺者，

图 4 （传）宋末元初 钱选 招凉仕女图 台北故宫博物院藏

称为重楼。制冠者仿重楼子牡丹，用罗帛重叠堆砌如楼阁式之高冠，加在高髻上有的高过三尺，传为宋末元初钱选所绘《招凉仕女图》（图 4）中，右侧女子所戴高如层楼之冠即是重楼子冠。

豪华的珠玉冠子是皇后或贵族妇女用的，显示身份与威仪的成分居多，一般平民妇女戴的帽子则较朴素简单而实用。例如妇女出外时所戴的帷帽，即高顶宽檐帽檐垂以纱网的笠帽。帷帽源于西域地区常用的羃离，是一种遮挡风沙的黑纱长巾，戴于头顶，垂下障蔽全身，传到中原后，更具有避人窥视妇女面貌之功能。然而，长纱巾出门在外着实不便，到了风气开放的唐代，便将羃离之长纱巾缩短而成帷帽，帽檐所垂及肩部的纱巾称为帽裙，唐人《明皇幸蜀图》（图5）中随着唐明皇扈从

图5 唐 明皇幸蜀图（局部 帷帽） 台北故宫博物院藏

图6　元　梅花仕女图　台北故宫博物院藏

由右侧山径骑马而下的四名宫女即戴着帷帽，高顶黑帽缀以红纱帽裙，因匆忙赶山路而将帽裙撩开垂于颈后，让视线不受帷布遮挡。

帷帽之外，民间妇女最常用的首服就是包髻，如元人《梅花仕女图》（图6）中妇人所戴者。包髻可选用各色花样的布帛扎结成各种花式，包髻前也可缀以金宝花钿，简单大方，在社会各个阶层都很流行，是最为普遍的古代妇女首服。

冠冕堂皇 巾潇洒

人们头上所戴之物现代大都通称为帽，帽字最初写为“冃”，是头上覆戴物之象形字。后来加上“目”成“冒”，目代表头。后再加上“巾”而成“帽”，意为冒覆头上用以御寒之物。商周以后，冠服制度逐步完成，上自天子下至百姓，皆须遵循因着地位、阶级与礼仪之不同所界定的穿衣戴帽规矩，中国因而成为衣冠上国、礼仪之邦，头上戴的帽子于是称为首服或头衣。

男子首服主要包括冕、弁、冠、巾等，冕是帝王与诸侯礼仪时用；弁地位次于冕，为文武官员配合礼服之穿戴；冠与巾代表男子不同的身份地位，东汉《释名》一书中记载：“二十成人，士冠，庶人巾。”当时，戴冠是士人阶层的特权，庶民或卑贱执事者则不能戴冠只可束巾。巾即裹发之布，庶民以外，上层士大夫在燕居时偶尔也戴巾。到了汉代末期。因为束巾较为轻松闲适，所以，文人武士开始以戴巾为雅尚。

先秦两汉时期冠最为流行。冠的戴法与现代的帽子差异颇大，因为古时候的男子是留长发的，所以平时都将头发向上绾成髻，戴冠时，用衡笄自冠两侧的小孔穿入发髻加以固定，使冠不致摇动或倾斜。另外在冠圈两边附上丝绳，于颌下打结，以确保冠之稳固，这两根丝绳称为缨。

冕是中国古代帝王及卿大夫以上的官员们所戴的礼帽，后来则专指王冠帝冕。冕之顶如一平檐，称为冕板，其前后缀以下垂的五色玉珠串，称为旒。旒数多寡依身份高下而定，天子祭祀上帝时服十二旒冕；享先公服九旒冕；祭祀山川服七旒冕，大夫冕则为三旒。冕的外层为黑色，里层为朱红色，此即冠服礼制中所谓的“玄冕朱里”。冕之制始于黄帝，一直到明代仍然沿用，是中国冠服中袭用最久的一类。宋代宫廷画家马麟所绘之《夏禹王立像》(图1)中，大禹服九旒冕，袍服上饰以象征帝王权威的日、月、三星、龙等纹样。宋理宗赵昀即位后为笼络人心，争取理学名士的支持，特别崇倡理学，命马麟制作十三道统人物像，并亲书《道统十三赞》于画上，以彰显道统与政统合一的政治理念。

冠因造型材质与使用场合之不同而有各样名称，如通天冠、

图1 宋 马麟 夏禹王立像 台北故宫博物院藏

高山冠、进贤冠、巧士冠、长冠、却敌冠等。通天冠是仅次于冕的冠帽，又名卷云冠。天子于正旦、冬至、五日朔大朝会与大册命时服之。《宋宣祖坐像》（图 2）中所戴者即是通天冠。宋宣祖为宋太祖与宋太宗之父，太祖赵匡胤称帝建立宋朝后，追谥其父为武昭皇帝，庙号宣祖。冠之制不如冕之复杂，宣祖所戴通天冠上缀以卷梁二十四道，每道梁上饰辽东所产北珠一枚，冠正前方高起之前壁称为金博山，冠顶向后卷起，衡笄穿过冠与髻，并于两侧附以朱色垂缨系颌下，双重固定使冠不致滑落。

图 2　宋　宋宣祖坐像　台北故宫博物院藏

图3 宋 宋太祖坐像 台北故宫博物院藏

冠冕是朝廷为官者之首服，一般老百姓多戴巾或是帻。巾最早是裹发之布，魏晋以后，以巾裹发已普及为男子的主要首服。北周时期改良巾裹，在裹发之方帕上加四脚为长带，四带前后包抄，二系脑后垂之，二反系头上，使用起来更加方便舒适，称为幞头。幞头初为软帛垂脚，隋代开始于垂脚内里衬以木片而成硬脚，皇帝所服之垂脚上曲，人臣者下垂。五代渐变平直，到了宋代，则君臣皆服平脚。《宋太祖坐像》（图3）中所戴之平脚幞头，两边硬脚如翼翅般伸展而出，故名为“展翅幞头”。宋代幞头初以藤织草巾子为里，纱为表，再涂以漆，后则去其藤里，直接于

图4　明　明太祖坐像　台北故宫博物院藏

纱面涂漆，硬脚则以铁为之。皇帝或官僚多服展翅幞头，身份较低之公差和仆役则多戴无脚幞头。

非正式仪典中之首服称为便帽，种类繁多，其中有一种盛行最久且最为人熟知的就是乌纱帽。乌纱帽早在南北朝时已成为皇帝与士大夫燕居之服。乌纱帽是用硬壳骨架所做的圆帽，左右各插一帽翅，帽内衬黑纱，外涂黑漆。明太祖定都南京后规定凡文武百官上朝，一律要戴乌纱帽、穿圆领衫并束腰带；取得功名而尚未授官职的状元与进士等，也可戴乌纱帽。从此，乌纱帽一词即成为官员的代名词。《明太祖坐像》（图4）中，明太祖所戴者即

图 5　宋　柳荫高士图　台北故宫博物院藏

折角向上的乌纱帽。此图为朱元璋盛年时相貌，他身着团龙纹皇袍，腰扎蟒带，足蹬皂靴，双眼炯炯有神，充分显示出君临天下之威仪。

老百姓所戴的巾，最初是指裹头发的幅巾。如宋人画《柳荫高士图》（图 5）中文士所戴者，将幅巾围在发髻上，再以带系牢，

图6 明 唐寅 韩熙载夜宴图（局部） 台北故宫博物院藏

因为是裹在髻上，所以又叫裹巾子。之后又以藤为里，以锦为表，外涂漆以固之，称为硬裹巾。汉代以前只有庶民才戴巾，汉末魏晋以后，文人雅士觉得裹巾简便又潇洒，遂竞相设计变化，戴巾风气因而大盛，各种样式的巾相继出现，如云巾、平定四方巾等。明代画家唐寅所绘之《韩熙载夜宴图》(图6)中，韩熙载所戴之巾有四墙，前后左右相对成角，墙外有重墙，前开后合，后垂飘带，为隐逸雅士所好。相传宋代大文豪苏轼常戴此巾，故亦称为东坡巾。观此巾遥想当年东坡于谪放时期于赤壁行吟之潇洒情态，令人顿发思古之幽情！

靴鞋屦屐 足下履

在中国传统服饰文化中，脚上穿的鞋是很重要的一部分。中国人从什么时候开始穿鞋已不可考，但从考古发掘的文物中发现，在五千多年前的青海墓葬陶器上所画之人物已穿着头部尖而上翘的鞋子；新疆哈密墓葬出土过三千多年前的长筒皮靴；另外在青海辛店文化遗址中也发现距今三千多年前的彩陶靴容器（图 1），此容器模仿当时人所穿的靴子造型，如真靴一般由靴筒、靴帮和靴底三部件构成。这些出土文物证明新石器时代的中国古代先民已完全脱离以兽皮或编草裹脚的原始护足方式而能制作鞋靴穿用，这样的鞋靴一直流传到后世。

古代中国把身上的服饰分作头衣、上衣、下衣和足衣，足衣就是鞋与袜的总称。古代鞋子的名称很多，像舄、履、屦、屐、

图1 新石器时代 彩陶靴容器
青海省博物馆藏

靴、鞋等。从文献记载中得知，古代足下穿的鞋大都由草、麻或皮革制成，但不论以何种材料制成，都通称为屦。周代还设置了“屦人”这个官职，专门负责王和王后所穿的屦。周代也明确地规定鞋的形制：一为舄，以皮、葛、绸缎为面,其底为双层,不怕泥湿；另一为屦，以麻、革为面，其底为单层；还有用草编的叫扉，用木头做的则称为屐。自商周开始，足衣的穿着均有制度规范，如在汉代，祭服穿舄，朝服穿靴，燕服穿屦，出门则穿屐。

最早的木屐在新石器时代的遗址中已发现，汉代妇女的木屐还以彩漆绘上花纹为饰。三国时期吴国古墓中发现的木屐，其造型已与现代木屐近似，由整块木头凿刻而成，椭圆形屐板底部有前后两个长方屐齿，屐板上留有三个系绳孔。到了魏晋南北朝时期，木屐已非常流行，晋人家居时穿屐。如东晋宰相谢安于弈棋时得知淝水之战获胜，故作镇静不为所动，直至棋局结束回房过门槛时，欣喜激动之情难捺，竟将屐齿折断。成语“屐齿之折”即典出于此。宋李公麟画《归去来辞》卷（图2）中持杖临清流而赋诗的陶渊明，脚上所穿就是当时流行的木屐。到了唐代，妇

图2　宋　李公麟　归去来辞卷（木屐）　台北故宫博物院藏

女们更用心思在木屐上加各种装饰，由诗人李白《浣纱石上女》“玉面耶溪女，青娥红粉妆。一双金齿屐，两足白如霜”之诗句，可以想象当时妇女穿着木屐的华丽美姿。唐代流行穿木屐的风气被日本来华的遣唐使和留学生带回日本，现在反成为大和民族的特征了。

靴多为北方胡人游牧时穿用，自战国中期赵武灵王推行胡服骑射后，高筒靴开始在全国流行。南北朝时期，北方胡人穿的皮制长筒鞋称为鞠靴，类似现代的马靴，本来是田猎打仗时穿用，入唐以后就成为普通穿着了。唐靴大都是黑色，皮或帛制，称为

图3　清　郎世宁　阿玉锡持矛荡寇图（局部　乌皮靴）　台北故宫博物院藏

乌皮六缝靴。诗仙李白有一回被唐明皇召见，当时登堂入室需要脱靴换履，李白因为酒醉，于是伸足给高力士，要他帮忙脱靴，那双靴子可就是乌皮六缝靴呢！清代画家郎世宁所绘《阿玉锡持矛荡寇图》（图3）中的勇士阿玉锡穿的就是由唐代一直流行到清代的乌皮靴。

从汉代开始，履的装饰变化多在履头，即于履的前端翘起一片作为装饰。翘起的一片有多种变化，叉开如两角的叫双歧履；高起呈椭圆形的叫笏头履；高起方整似齿的叫高齿履或高墙履；高墙上再叠加山形的叫重台履。宋人绘《宋宁宗后像》（图4）

图4　宋　宋宁宗后像　台北故宫博物院藏

所穿者则是金丝绣花缀以珠玉华美的花朵翘头履。这些装饰华丽的履是在较为正式的场合中穿着，如果是平常便鞋，鞋头就不会翘起一片，形状就如同现在穿的功夫鞋一般。

大致唐代以后，鞋子就没有太大的变革，唯因习俗不同出现有较特殊的造型。如为女性缠足而设计之鞋，弯曲如弓，叫作弓鞋；清朝满族妇女所穿之旗鞋，是装有高底的绣花鞋，可使旗袍不拖地，又表现女性婀娜之美，因其底似花盆，故又称花盆底鞋。

一般庶民则多穿着朴实的布履或草履。明代唐寅所绘《斗茶图》里的卖茶郎穿的就是当时百姓常穿的草履与布鞋（图5），虽然不中看，但夏天穿起来可比那些华美的靴履凉快多了！

图5　明　唐寅　斗茶图　台北故宫博物院藏

第三章 住

坐卧之具
席床榻

中国古代坐卧之具中最早出现的是席。在远古时期，人们用茅草、树叶、树皮或兽皮铺在地上，以避免潮湿寒冷，之后逐渐发展出用竹或芦藤之茎剖成细薄长片编织为席。早在五千多年前的新石器时代遗址中已发现竹席和篾席，一直到汉代，席都是家室中最主要的家具。由《周礼》记载“天子之席五重，诸侯三重，大夫再重”可知，当时席的使用除了实用外，也是身份和地位的标志。生活起居中或接待宾客时，都是在室内布席，并发展出“席不正，不坐”“君赐食，必正席先尝之”等礼仪。

榻出现于先秦，盛行于汉魏六朝，《释名》中谓：“长狭而卑曰榻，言其榻然近地也。”也就是低而窄的台子叫作榻。秦汉时期的人一般多坐于席上，地位尊贵者则独坐一榻，以示尊敬之意，称为独榻，在顾恺之的《洛神赋图》卷（图 1）中曹植所坐者即是独榻。

秦汉时期的榻仅供坐用，后来演变成可坐可卧，无论在书斋、客室或庭园轩阁中皆可安放，以供随时休憩之用。传为唐代张萱之《明皇合乐图》（图 2）中，唐明皇躺在卧榻上吹奏直笛，榻边妃嫔或静坐聆听，或击掌应和。卧榻之面为藤编软屉，藤编透气，适合炎夏使用，明皇衣襟敞开脱去一鞋，显得一派轻松。

图1　晋　顾恺之　洛神赋图卷（局部　独榻）　故宫博物院藏

图2 （传）唐 张萱 明皇合乐图 台北故宫博物院藏

到了宋代，榻的形制发展得更加丰富多样。如在宋李嵩《听阮图》（图3）中，手持拂尘的文士身倚交脚式背靠，闲坐于庭园中一托泥榻上。此榻之四足下装有一圈木框作为承托，使榻足不直接落地，并使底部抬高于地面，具有防潮和通风功能，此种足下加设木框之榻即所谓托泥榻。

床与榻在功能和形式上有所不同，床略高于榻，也宽于榻，可坐可卧。床字原本写作“爿”，是床的象形初文和本字。商代甲骨文中已有爿字，可知商代已有床类家具。到了战国时期爿字

图3　宋　李嵩　听阮图（托泥榻）台北故宫博物院藏

图 4　五代　顾闳中　韩熙载夜宴图（局部　围屏榻）故宫博物院藏

增加意符“木”，形成牀字，加木为偏旁，表示床通常是木质的，宋以后又出现了俗字“床”。

目前发现最早的实体床是战国时期楚墓中的漆绘围栏大木床，由床身、床栏和床足三部分组成。床身以红黑漆绘花纹，并装饰有玛瑙、象牙、珊瑚和玉石；床栏杆为方格形，两边栏杆留有可供上、下床之空间。此床既大又矮，配合了当时人们席地而坐的习惯。

魏晋时期，出现屏风与床结合之新形式。这种围屏床榻极受贵族人家的喜爱，且因坐姿的改变，床榻的高度也逐渐增加。盖魏晋以前皆为跪坐、蹲踞或箕踞。自汉代与西域频繁交流后，一种可以折叠的胡床或称交椅之轻便坐具传入中原，人们的坐姿渐改为臀坐于椅、脚垂于地的更加舒适的垂足坐姿，同时墩子、座椅、板凳等高型坐具应运而生，床榻的高度亦随之增加。

到了隋唐五代时期，高型家具迅速发展，并出现了新式高型家具的完整组合，如五代顾闳中所绘《韩熙载夜宴图》（图 4）中，清晰展示了五代时期的高型家具组：围屏榻、直背靠背椅、条案、屏风与墩子等。图中围屏榻的两侧与后面装置有高围子，围子上饰以绘画，主人韩熙载与状元郎粲坐于榻上，与在场宾客一起欣赏教坊副使之妹弹琵琶。榻后另置一围屏床，帐幔掀开，一歌伎拥被醉卧，半截琵琶露于床头，充分反映出韩熙载狂放不羁、纵情声色的生活。

图 5 明 黄花梨卍字纹架子床 故宫博物院藏

明清以后的床榻已专用于卧息睡眠，造型亦多样化，诸如杨妃榻又称美人榻，弥勒榻又称罗汉床等。床之结构也越加繁复，如装上顶架的架子床（图 5）。更有一种拔步床，是将架子床安放于长度超出床沿的大木台上，平台四角立柱镶以围栏，栏柱饰以精美雕刻，围栏两边安窗户，形成小廊，廊中可放置桌凳，睡眠空间的舒适度和私密性大幅提高。拔步床是古代中国体型最大的床，只有富庶人家才会使用，放在卧房中俨如房中之房，可算是世界上最奢华的床了！

屏风障蔽 复明志

屏风的起源可以追溯到西周初期，是设于天子座后之器具，当时称为邸、斧扆或黼依，为天子专用。斧扆以木为框，以绛帛覆盖，帛面上绘斧形纹样，斧纹代表权力与武力，是天子至高无上的名位与权力象征。天子宝座后的斧扆挡住后面的空间，使宫廷中群臣的视线集中于宝座上的天子，从而凸显天子的庄重威严。

古代中国的房屋大多采用木结构，室内空间尺度较大，容易透风，原为天子专用的斧扆逐渐演变为能够挡风的家具。到了汉代，此类家具被称为屏风，盖“屏风，言可以屏障风也”。西汉司马迁《史记·孟尝君传》载：“孟尝君待客坐语，而屏风后常有侍史，主记君所与客语。”说明了屏风除了挡风还有着分隔室内空间与遮蔽视线的作用。汉代贵族人家的高堂大屋中多使用屏风。据《西京杂记》载："汉文帝为太子，立思贤院以招宾客。苑中有堂隍六所，客馆皆广庑高轩，屏风帏帐甚丽。"

战国时期的屏风制作已经有了很高的艺术水平。秦汉时期在战国漆艺基础上，漆木家具之制作有了更大的发展。现存最早最完整的屏风实物是西汉长沙国丞相墓中出土的细节完好的随葬明器云龙纹漆屏风（图 1）。长方形木胎五彩漆画屏之下安有二承托足座，用以插稳屏板，屏正面为红漆地，上绘绿身朱爪巨龙，昂首张口，飞腾于云中。屏板背面（图 2）为朱地彩绘浅绿几何方连纹，中心饰以谷纹璧，两面边框均饰有朱色菱形纹饰。两汉时期视龙凤为民族象征，此屏正面云龙纹喻君王

图 1　西汉　云龙纹漆屏风（正面）
湖南博物院藏

图 2　西汉　云龙纹漆屏风（背面）
湖南博物院藏

图3 南唐 周文矩 重屏会棋图（屏中屏） 故宫博物院藏

为天之子，拥有可呼风唤雨的至高无上权力；背面几何方连纹与菱形纹寓意生生不息，谷纹璧则表达丰衣足食的祈愿。由此作为明器的屏风可以推想，汉代贵族日常家居生活中使用者必是更加华美。

屏风框架之内装称为屏心，其上可施以各类装饰。汉魏时期，君王所用屏风常将三纲五常等伦理道德观念融于屏心之装饰内容，以收潜移默化规诫臣民之效。隋唐之屏心则多饰以名家书画。相传唐太宗曾命书家写《列女传》装裱入屏风；韩偓《草书屏风》中谓“何处一屏风，分明怀素踪”；李白在《草书歌行》中亦云“湖南七郡凡几家，家家屏障书题遍”。可见当时书法屏风之盛行。从隋唐墓葬壁画中可知，当时屏心绘画题材人物、山水、花鸟皆备，传世绘画中南唐画家周文矩所绘《重屏会棋图》（图3）之屏风上

图4　宋　十八学士图（座屏）　台北故宫博物院藏

又绘有三连扇山水屏风画，画中有画，屏中有屏，观之妙趣横生。宋代屏心流行镶嵌天然纹理如山水画般的美石，明清屏心则以雕漆、螺钿、百宝嵌、缂丝等各类材质为饰，变化多端，极尽工艺能事。

图5 南宋 刘松年 罗汉图
台北故宫博物院藏

通常一片直立于地的屏风称为座屏，是由插屏和底座两部分组成。插屏可装可卸，以硬木为边框，中间装以屏心。底座则为稳定之用，其立柱限紧插屏，站牙固定立柱，横座档承受插屏。宋人画《十八学士图》(图4)中，两位文士身后的屏风即为座屏。座屏按插屏之数目分为独扇屏、三扇屏(图5)或多扇拼合的曲屏(也称连屏或叠扇屏)等。曲屏于汉代已出现，这类屏风常与床榻结合使用，多设在床榻的周围，也有置于床榻之上的。如三面曲屏是在床榻后方立一扇，左右各一扇围住两头，故又称围屏。如五代顾闳中所绘《韩熙载夜宴图》(图6)中，韩熙载与家伎

图6　五代　顾闳中　韩熙载夜宴图（局部　围屏）　故宫博物院藏

们所坐之黑漆床榻设有三面曲屏围于左、右及后侧，榻前侧两边配置两块高度约为围屏一半的挡板，二挡板中间留出供人上下的空间。挡板兼具扶手功能，韩熙载倚于挡板，伸手到侍女所持盆中净手。榻旁另一床之上亦设围屏，朱红锦幔由顶罩下，垂系于床之两侧，重重围屏加上锦幔，使卧室的隐秘度大幅增加。

在中国古代家具中，屏风可以是文人雅士置放于家中以供欣赏的艺术品；屏风也可以是权力尊严的象征并隐含鉴戒作用，例如唐太宗李世民的“戒奢屏”、明太祖朱元璋的“勿忘节俭屏”；屏风更可以是知识分子理想志向的宣示，如唐代诗人白居易以家中全白素屏明志。他在《素屏谣》中言道：“素屏素屏，胡为乎不文不饰，不丹不青？当世岂无李阳冰之篆字，张旭之笔迹？边鸾之花鸟？张璪之松石？吾不令加一点一画于其上，欲尔保真而全白……夜如明月入我室，晓如白云围我床。我心久养浩然气，亦欲与尔表里相辉光。”

屏风除屏蔽、挡风和供人倚靠等实用功能外，更发展升华成为人们的精神寄托，所以，屏风可说是最能蕴含深厚文化意义的中国古代家具了。

铜镜鉴形 亦鉴心

镜子是日常生活中经常使用的物件，现代的镜子几乎都是玻璃镜，即一面涂上汞剂具有反照功能的玻璃。然而，从中国的历史记载和文物中可以知道，一直到清末民初，玻璃镜才在中国普遍被使用。清朝末年以前，中国人使用的镜子主要是青铜镜，铜镜正面平滑，磨光后可供鉴影，背面则雕铸各式花纹作为装饰，镜背中央尚有一纽，可穿绳以便持拿或悬挂。

远古中国人是以水为镜，从水中倒影检视容颜，铜器发明之后，即以铜盆盛水照影。先秦文献中提到古人“鉴于水”意为以盛水之铜盆鉴形，这种铜盆即称为鉴。合金技术出现后，开始将铜、锡、银、铅等金属合铸而成可以映照形貌的铜镜。

目前发现年代最早的中国铜镜出土于黄河上游地区，距今约四千年前的新石器时代齐家文化遗址。镜的造型与装饰较原始，镜背多为七角星几何纹，背面设纽。齐家文化的时间与夏代接近，之后商周之铜镜变化不大，多为圆形，背后有简单几何纹饰并附纽。发展到战国时期，铜镜的制作越加精细，纹饰亦渐复杂。如战国四山纹镜（图1），镜背中央之正方形中铸有一纽，方形四周饰以四个山纹，旁填以花叶云纹，细密的底纹与粗大的山纹相互衬托，显得美观大方。

铜镜发展至汉代达到鼎盛期，汉镜大而厚重，颇能反映出汉代强盛的国势。汉镜在形制上开始变化，于铜镜背面加铸文字，一般称之为镜铭。东汉新莽时期博局鸟兽纹镜（图2）即铸有镜

图1　战国　四山纹镜
故宫博物院藏

图2　东汉　博局鸟兽纹镜
台北故宫博物院藏

铭，镜背中央有半球纽，纽座四周饰以大方格与博局纹，间夹细线兽纹与乳丁纹，镜缘饰三角形纹与变形云纹。方格博局纹外接一圈铭文："日始上，天下光，作□□竟，以昭侯王，赤鸟玄武□四旁，子孙烦息乐未央。"二十八字镜铭寓意吉祥，镜身厚重坚实，是典型的汉代铜镜。

铜镜之制作至唐代达到巅峰，铜合金中锡银的比例加大，使镜面呈现银白光泽，显得特别亮洁，映照影像也因此更为清晰。同时，铜镜造型也更加变化多端，除了传统的方、圆形外，还发展出圆瓣葵花、尖瓣菱花、六角、八角与亚形等样式。纹饰举凡珍禽异兽、花卉葡萄，乃至神话传说、历史故事等，无所不包。唐代鸾兽菱花镜（图 3）即典型唐代菱花镜。镜背泛银白光，中

图 3　唐　鸾兽菱花镜
台北故宫博物院藏

图 4 南宋 双龙古鼎形镜
台北故宫博物院藏

央为兽形纽，兽纽旁环绕两只飞鸟与两头瑞兽，鸟兽间饰以卷云，镜缘上蜜蜂伴折枝花与卷草间隔排列，极为富丽堂皇。唐明皇时期的铜镜又增添许多灿烂夺目的装饰，以金、银、玛瑙及松绿石镶嵌镜背，或以整片金箔锤凿出花纹后包于镜背。但是，唐末五代动乱之后，这些华丽铜镜即已绝迹。

宋代初期铜镜延续唐代风格，从南宋开始，铜镜出现各式新造型，如带柄镜、桃形镜、盾形镜、鼎形镜、钟形镜、有座镜等。如南宋的双龙古鼎形镜（图 4），镜身作古鼎形，圆口束颈，鼎形颈部饰浮雕卷草纹，口沿两侧附长方形耳，腹下二短足，镜背中央之细窄双纽为固定支架所用，腹部为高浮雕双龙拱珠纹样，

图5（传）宋　王诜　绣栊晓镜图　台北故宫博物院藏

双龙下方为海水纹。宋代以后，铜镜逐渐衰落，厚度渐薄，花纹渐粗。到了明清时期，外来的玻璃镜出现，逐渐取代了古老的铜镜。

明镜照人亦照心，传为宋代王诜的《绣栊晓镜图》（图5）中，在花树掩映的庭院里，一位仪态端庄的宫装仕女晨妆已毕，二名侍婢正低头检视奁盒内的容妆什物。宫装仕女娉婷而立，凝视着镜中的面容，似在端详自己，亦似在审视内心。而传为南宋刘松年的《养正图》（图 6）中，则描绘内殿寝宫中，晨起后的唐太宗对镜整理仪容，所传达者实为铜镜之深层含义，即唐太宗所谓："人以铜为镜，可以正衣冠；以古为镜，可以见兴替；以人为镜，可以知得失。"中国古代铜镜虽已被取代，但唐太宗以铜镜为鉴之语却流传至今。

图6 （传）南宋　刘松年　养正图（局部）　台北故宫博物院藏

翣箑扇中见离合

远古时代的中国人在炎炎夏日中，将植物叶或禽羽简单加工后用来蔽日祛暑之物即为最早的扇子，但最初并没有“扇”这个字。早期皇室公卿出行时，由仪卫举以障风蔽日之物，被称为翣。翣由禽羽制成，是身份地位的象征。唐代画家阎立本《步辇图》（图 1）中，描绘唐太宗李世民接见吐蕃松赞干布所遣使臣禄东赞的情景。太宗盘腿端坐于步辇之上，一名宫女持华盖于后，二宫女各掌羽翣随侍两侧。使臣禄东赞身着小团花波斯样式长袍，向唐太宗拱手致敬，其旁一为着红袍的仪式引见官，一为着白色唐服的翻译官。唐太宗之威严大度、使臣禄东赞之谦和有礼以及引见官员之恭谨干练，共同见证了唐代汉藏民族的友好交谊。

图1　唐　阎立本　步辇图（羽翣）故宫博物院藏

大型的翣后来演变为尺寸较小的箑与扇。西汉扬雄在《方言》中谓："扇，自关而东谓之箑，自关而西谓之扇。"从字之部首看，箑从竹，扇从羽，可知竹子和羽毛是古时做扇子的主要材料。以使用地区论，则古代中国是东多竹扇，西多羽扇。箑与扇二字在汉代是同时使用的，由于战乱、人民迁徙、方言混用等因素，扇字逐渐取代箑字成为通用。汉儒董仲舒《春秋繁露》中已有"物故以类相召也，故以龙致雨，以扇逐暑"之句，三国时期诸葛亮的"羽扇纶巾"更是闻名天下。现存汉代竹扇实物是发现于长沙马王堆汉墓中的一把小竹扇，其内缘用竹条为骨，扇面用原色细竹篾，以两经一纬法编织而成，四缘与柄另以丝织物包缝加固。此扇朴实无花纹，应是墓主日常使用，形状类似一把菜刀，在汉代画像砖中，也常见这类形状的扇子。

汉代以后逐渐使用蒲葵、蕉叶、丝绢或纸材料来制扇。五代顾闳中《韩熙载夜宴图》(图 2) 中描绘了两把扇子，一是解衣盘坐椅上的韩熙载手中所拿之长方蒲扇，另一是侍女所持长柄长圆形上绘树石流水的丝绢宫扇。宫扇原本于古代宫中使用，后来官员或贵族家里也常用，形状多为长圆形，尺寸则较翣略小。长柄宫扇一般由宫女或侍女持用，主要是为主人提供遮掩服务，也可用来扇风祛暑。

日常生活中用来扇凉的扇子，大致可分为团扇与折扇两类。

图 2　五代　顾闳中　韩熙载夜宴图(局部　蒲扇、宫扇)　故宫博物院藏

中国在明代以前大都使用团扇，明代以后，团扇逐渐被折扇所取代。团扇在汉代初年即已十分盛行，明代唐寅《班姬团扇图》(图3）中的班姬所持者即团扇。班姬是汉成帝的妃子班婕妤，因貌美又善解人意，故深得成帝宠爱。但自赵飞燕入宫后，班婕妤失去宠幸，独居深宫思念皇帝时曾作诗一首："新裂齐纨素，鲜洁如霜雪。裁为合欢扇，团圆似明月。出入君怀袖，动摇微风发。常恐秋节至，凉飙夺炎热。弃捐箧笥中，恩情中道绝。"以团扇比喻自己的班姬郁郁寡欢地漫步庭院，手中拿着绘有花蝶十分清雅的团扇，就是诗里所谓的合欢扇，团扇也因此又称为纨扇或合欢扇。诗中所谓"齐纨素"是指山东出产的绢帛，汉代最为考究的纨扇有"齐

图3　明　唐寅　班姬团扇图
台北故宫博物院藏

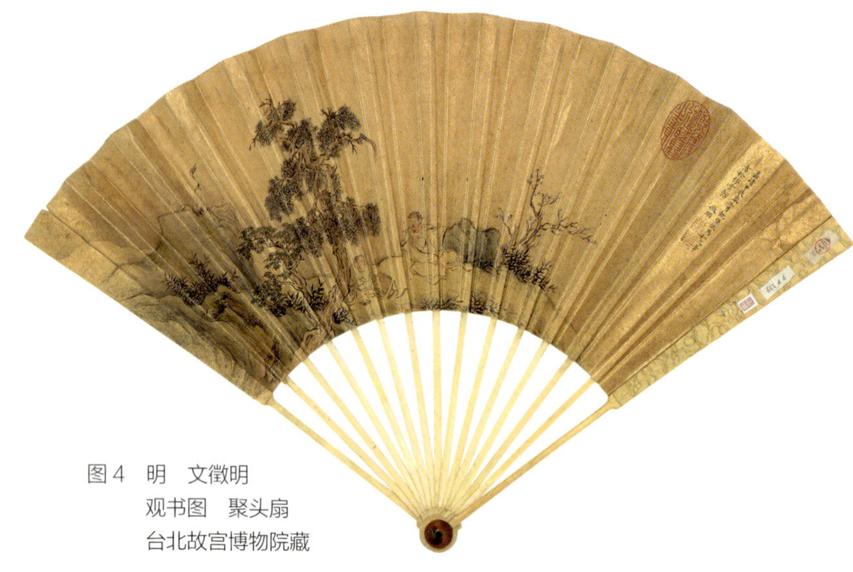

图4 明 文徵明
观书图 聚头扇
台北故宫博物院藏

纨楚竹”之说，也就是用山东绢帛与湖南竹材制成者才是真正上品纨扇。

折扇一词最早的记载见于北宋初年，据《宋史·日本传》记载，宋太宗端拱元年，日本僧人奝然遣弟子来华，带来的礼物中有两枚“蝙蝠扇”，即是折扇。虽然折扇在两宋时期已出现，但当时仍重团扇而轻折扇，认为折叠扇为夷人之物，只有仆隶娼妓等人才使用，良家妇女仍爱用团扇。到了明代永乐年间，因明成祖喜折扇卷舒之便，于是命工匠仿制，遍赐群臣，折扇始大为流行。

折扇又名聚头扇，因扇收起则折叠，使用则撒开，故又称撒扇。且因其携带方便，出入怀袖即可，扇面能饰以书画，扇柄可精工雕镂，深受文人雅士喜爱，赢得“怀袖雅物”之别号。明代折扇制作发展迅速，不少人因制作折扇而致富，以江苏南京扇和苏州的吴扇最为著名。不论扇面、扇骨或扇坠，都精巧非凡，甚至色香味都在考究之列。风雅人士皆好于如此精美雅致之折扇上题诗作画，制扇工艺与书画艺术结合，扇子遂由日常用品一跃而为雅俗共赏的艺术品。明代四大家之一文徵明的《观书图》(图4)成扇，即是一把典雅的折扇，不但可以祛暑解热，同时也是一幅绝佳的名画作，见证了丰富多彩的明清扇面文化。

扇子最初作为地位和权力的象征，之后演变为纳凉的生活用品与雅玩清赏的工艺品，再成为题诗作画、言情托志的艺术品，融实用功能与美学价值于一体，其发展蕴藏着丰厚的文化内涵，是中国特有的一种文化现象。

轻烟袅袅话香炉

中国人燃香的历史，可远溯自殷商时代。当时把玉帛与牺牲放于柴堆上，燃柴焚香升烟告天的仪式称为燎祭。因为香被视为与上灵及神秘力量沟通的媒介，借由香与烟来供奉神灵，祈求物阜民丰。

到了春秋战国时期，焚香除了用于祭祀和告天仪式之外，在日常生活中，发展出于室内焚烧草本香料植物以驱虫除秽的熏香习俗，同时也开始将各种香料花草加入饮料食物中，或是将川芎与白芷等植物香料与幽香的兰花等香花美草佩在身上。正如《楚辞·离骚》所记："扈江离与辟芷兮，纫秋兰以为佩。"随着熏香风气的盛行，专门用来熏香的熏炉开始出现。由考古发现的文物证实，至迟在战国时期已有不少制作精湛的熏炉出现。如陕西凤

图1　战国　凤鸟衔环铜熏炉
凤翔县博物馆藏

翔雍城遗址出土的战国凤鸟衔环铜熏炉（图1），熏炉顶端饰一凤鸟，其下为圆形熏炉，炉下由立柱和覆斗底座支撑，底座饰以镂空虎纹和人物，造型奇特，制作精美，应是当时秦国王公贵族所用之物。其镂空制作细致繁复，反映出当时铜熏炉之最高工艺水平，是古代青铜艺术品之杰作。

西汉以前，大都是将香草放在熏炉中直接燃香，香气馥郁，但烟火气颇大。武帝时期，南海地区出产的龙脑香与苏合香传入中原地区，此类树脂香料不能直接点燃，通常制成香球或香饼，在其下置炭火，炭火将香缓缓燃起，香味浓而烟火气不大。由于燃香的原料和方式改变，加上西汉神仙思想与追求长生不老仙药的影响，专为熏焚香球香饼的博山炉应运而生。博山是古代传说中的东海仙山，博山炉之盖呈山形，山尖耸立，层层山峦间饰以飞禽走兽，炉盖之上镂有气孔以出香气，炉盖之下为炉腹，腹深可放置燃香之炭火，腹下加托盘以盛水。汉代铜制博山炉（图 2），

图2　汉　博山炉
台北故宫博物院藏

炉盖上饰山形、人、兽、鸟纹，炉身铸有短柄，便于持拿，足下浅盘供承水用。北宋考古学者吕大临《考古图》记载:“博山香炉，象海中博山，下有盘贮汤使润气蒸香，以象海之回环。”熏香时，香烟由盖孔中徐徐飘出，有如山岚飘动，正如唐李白《杨叛儿》诗句“博山炉中沉香火，双烟一气凌紫霞”。香烟如云气般缭绕仙山，呈现出超凡出尘的意境。

史料记载中有许多绝妙精巧的香炉，例如汉长安有一名叫丁缓的巧匠，曾做九层博山炉，上镂奇禽异兽，内设机关使禽兽于熏香时自然能动；唐代宫中曾藏一只七宝砚炉，不燃香而自温，冬日天寒，砚台冻结，置于此炉上，砚冰自融。可惜的是，这些珍奇的香炉早已不传，现在只有从文字记载中加以想象了。唐代香炉多用银、银镀金、铜、铜镀金等金属制作。唐代是儒、释、道三家并行的时期，雍容华贵的金属香炉多用于礼佛拜佛，与花瓶、烛台一同供养于佛前。

香炉的形制和材质多样，铜、铁、锡、木、陶、瓷与玉等皆有，形制则多仿古代宗庙祭器与礼器，如鼎、鬲、簋与豆等。宋代烧瓷技术高超，瓷窑遍及各地，著名的官、哥、定、汝、钧五大名窑都大量制作过香炉。如仿铜簋造型的南宋官窑灰青双耳小炉（图 3）即是宋代精品香炉代表。釉色粉青，釉间有浅黄色纹开片，炉腹两侧附双弓形耳，平底矮圈足，另配精美的玉顶木盖，

图 3　南宋　官窑灰青双耳小炉
台北故宫博物院藏

避免香失真味。

香炉发展到宋代，文人士大夫在香炉之实用功能外，更赋以“雅”的文化趣味，使香具与茶器如同笔墨纸砚一般转化为文房雅用，孕育出宋代文人的“四般闲事”，即点茶、焚香、挂画、插花等生活四艺。中国香文化于此时发展至巅峰，文人雅士不论是闲居读书或是雅集宴客，大都焚一炉香以增添生活情趣。

宋代的香品一般都是合成的香料，叫作合香。宋代文人仕女皆好亲手调香。诗人陆游就在《焚香赋》中透露其独门调香法：“暴丹荔之衣，庄芳兰之茁；徙秋菊之英，拾古柏之实；纳之玉兔之臼，和以桧华之蜜。”合香可制成香丸、香球或香饼等各种造型。焚香时先于香炉内铺垫炉灰以保温，再将烧红的小炭块埋于灰中，炭上放置银叶或云母片隔火，再将香品放于薄片上，叶片下的热量让香品慢慢焙燃，无烟的香气缓缓弥散成氤氲香雾。宋代李嵩《听阮图》（图 4）中，庭园中置一托泥榻，一侍女左手持红漆香盒，右手拇指与食指捏着香丸，正准备放入榻侧架台上的香炉中。榻上文士一面欣赏音乐，一面看着红袖添香，在幽静园林中焚香赏乐，是何等清雅惬意！

现代生活繁忙，何不偷得浮生半日闲，沐浴焚香，沏壶清茶，于沁人心脾芬芳馥郁中，享受难得的写意与悠闲！

图4 宋 李嵩 听阮图（局部） 台北故宫博物院藏

荧荧灯火 照乾坤

说到灯，大部分的人一定马上会想到电灯、日光灯甚至霓虹灯，但是古时候的人可没这么好福气可以享受到照明度高的灯光。在没有发现电和燃气以前，古代中国人多是用火把、烛或油灯来照明。

据甲骨文记载，中国人早在殷商时期，已使用松脂火把作为照明工具。西周时出现“烛”字，指的是已燃的火把或火炬，当时把未燃的火把称为樵，用于把持的火把为烛，置于地上的火把为燎。

商周时期开始利用现成的陶制或铜制器皿，加入油脂与灯芯来燃火照明。当时有一种盛食物的器皿叫作豆，由三部分构成：上为敞口承盘，中为高柱执柄，下为喇叭口圈足。“豆”字是依

图1　汉　豆形镫
台北故宫博物院藏

器形而造的象形字。豆形器有不同材质，《尔雅·释器》记载："木豆谓之豆，竹豆谓之笾，瓦豆谓之登。"瓦豆即是陶豆，称为登。当时人常将高柱陶豆加入油与芯，点燃后可以把光送得更远，登于是成为灯具最原始的名称。古籍中记载："灯源于豆，瓦豆谓之登。"汉代以铜制作浅盘长柄圆座的豆形镫（图1）即仿自早期的瓦登。

经过不断改进，终于在战国时期出现了专为照明而制作的油灯。当时还没有植物油，用以燃灯的都是牛羊等动物油，因价格较为昂贵，所以使用油灯者大多是贵族或富裕人家，一般百姓则以燃烛为多。此时期的灯具主要以青铜制作，常见的造型有人形、鸟形和树形等。树形灯最早出现于战国时期，材质以铜与陶为主，如战国中山王陵墓出土的十五连枝灯（图2），灯的造型如一株大树，主干竖立在由三头衔环猛虎所托起的灯座上，干上伸出十五条树枝，枝梢各托一灯盏。枝上饰有戏耍的猴群、栖息的小鸟和攀爬至顶的夔龙，树下站立二人嬉逗着群猴。此灯由灯座和七节灯架组成，每节树枝均

图2　战国　十五连枝灯
河北省文物考古研究院藏

图3　西汉　羊形铜灯
故宫博物院藏

可拆卸，为便于识别安装，榫口的形状设计各自不同，树枝灯盏上下错落，造型新颖，匠心独具。

汉代灯具之发展令人惊艳，其造型除了商周时期的器皿形、人形与连枝形灯外，更出现动物形灯。如西汉羊形铜灯（图3）即是一例，铜羊静卧，神态十分安详。羊身圆浑，通体无纹样装饰，羊背部与器身分开铸造，以脑后之卡榫与器身相连，不使用时羊背覆罩身上，羊腹中空用以储存油脂。羊儿睁目凝视，憨态可掬。

图4　西汉　长信宫灯
河北博物院藏

燃灯时将羊背掀起，以头支撑作为灯盏，添油点灯后，羊灯荧荧吐焰，一室光明。"羊"字和"祥"字通用，以羊形作灯象征吉祥，所以，汉代动物形灯中羊形居多。

西汉时期更出现了基于环境保护观念而设计的新颖灯具，此即中国灯具史上成就最高的釭灯。釭是中空的管状物，釭灯则是带有中空烟管的灯，这种灯由灯盘、灯罩、灯盖、烟管和集烟油灰烬之体腔等部分组成。当灯点燃时，灯烟可以经由罩与管排入蓄水的体腔里，如此则烟消尘除，避免空气被烟尘污染。汉代釭灯样式丰富，出土文物中有人形、凤形、牛形和雁鱼形等铜釭灯，其中最具代表性者当推河北满城西汉墓出土的长信宫灯（图 4）。此灯曾于汉文帝皇后窦氏所居的长信宫中使用。长信宫灯是一执灯跪坐宫女造型的铜灯，宫女神态恬静优雅，全身鎏金，光彩夺目。左手执灯，右臂高举，宽大的袖管自然下垂，巧妙地形成灯顶盖。灯罩由两块弧形板构成，罩片可推动以调整照度的宽窄。灯盘附有一柄，可转动以变换灯光照射之方向。燃灯时（图 5）所排放之烟因热气流挥发而上升，顺着宫女的右袖管排入中空体腔，不致污染室内空气以保持环境清洁。同时，宫女的头部、手中的灯盘、灯罩与右袖（图 6）还可以拆卸以便清洗，设计之巧妙令人叹为观止。

魏晋南北朝时期，随着制瓷技术的成熟，瓷灯逐渐取代青铜灯，复因造价低廉，瓷灯开始广为民间使用。此后制作灯具之材料益加多元，到隋末唐初，已有铁、锡、银、玉、石、木与琉璃等各类材质的灯具。

唐代出现一种省油灯，最初是四川邛窑地区的创造发明，流传到南宋已相当普及。省油灯之灯盏为中空夹层，盏壁侧面开孔，用以注水入夹层，以降低灯盏热度，减少灯油挥发。由南宋陆游在《陆放翁全集 · 斋居纪事》所记“书灯勿用铜盏，

图 5　西汉　长信宫灯（燃灯）
河北博物院藏

图 6　西汉　长信宫灯（拆卸后）
河北博物院藏

惟瓷盏最省油。蜀中有夹瓷盏，注水于盏唇窍中，可省油之半”，可约略一窥大概。

到了清末民初，中国油灯被西方发明的电灯所取代，而设计精巧、造型多变的历代油灯则华丽转身成为文物收藏品，往日荧荧灯火借以持续照耀乾坤。

穹庐格儿 蒙古包

中国是个多民族国家，自古以来因各民族的历史传统、生活习俗方式、各地自然条件与地理环境的不同，发展出各具特色的居住空间建筑，如彝族的土掌房、傣族的竹楼、藏族的碉房以及蒙古族的蒙古包等。

蒙古族是游牧民族，随寒暑逐水草而居。古代称游牧民族的居室为穹庐、毡包或毡帐，蒙古语称为格儿，是一种因适应游牧生活而创造的可移动居所。这类住房形式不仅限于蒙古族，亦常见于中亚地区游牧民族中。这类易于拆装便于游牧的居住形式自匈奴时代起即已出现，一直沿用至今。

“蒙古包”一词始于清代，清代嘉庆年间的《黑龙江外记》一书中记载 :“穹庐，国语（即满语）曰蒙古博。俗读‘博’为

‘包’。”满语称穹庐为“蒙古博”，满语“博”或“包”是家或屋之意，因此，满族将蒙古族牧民之住房称为蒙古包或蒙古博。

蒙古包外貌呈圆形，无论大小，其基本构造皆相同，是由编壁、条木棱子、圆形天窗和门构成。蒙古包的架设很简单，一般是先选好地形，铺上地毯，竖立包门，架起编壁，上方罩以伞骨状圆形天窗，以椽子系带稳固整体框架，再于帐顶及四壁覆盖毛毡，最后用绳索勒紧系牢固定，即大功告成。

蒙古族逐水草而居，一旦迁到有水草之地，总要住上几个月等牛羊把牧草吃完才会迁移别处。因为不是临时住几天，所以蒙古包的搭法就比一般帐篷复杂许多，结构材料坚固耐用且拆卸方便。通常蒙古包夏季会搭置于水草茂盛处，冬季则移于山坳向阳之所。

蒙古包的门一般朝向东南方向，包内中央放置烹调和取暖用的炉灶，炉灶周围铺满毛毡或地毯。包顶天窗除了采光，还能让生火的柴烟飘散出去。家具大都低而小，占地少且便于搬动。蒙古包看起来外形不大，内部却十分宽敞，采光好，冬暖夏凉。

王公贵族居住的蒙古包会另于包外搭敞篷作为迎宾宴客之用。传为宋代李唐所绘《文姬归汉图》第三拍“成亲”（图 1）描绘东汉蔡文姬被匈奴掳去十二载后，重返故国的情景。汉时匈奴大部分在蒙古高原一带过着游牧生活，此图重现古时毡包的样貌。毡包门框内部交叠架构用来支撑帐篷者即为编壁，中央铺有

图1 （传）宋　李唐　文姬归汉图之成亲　台北故宫博物院藏

地毯，包外毡布上围以层层白幔，包前搭一单柱敞篷。蔡文姬与一胡人坐于篷下，前方与两侧另置数列步障以屏障风寒。

《文姬归汉图》第七拍“听乐”（图2）中的蒙古包则是用双柱支撑包前敞篷，两侧另铺毡毯，数名胡人坐于毯上，吹奏胡笳。胡笳是中国古代北方民族的一种吹奏乐器，外形似笛。汉时传入中原，最初是卷芦叶为笳，吹以作乐。后将芦叶制成的哨插入管中,成为管制的双簧乐器。两汉时期流行于塞北和西域游牧民族中，成为汉乐中的主要乐器。胡笳善于表现凄怆哀怨的情感。图中胡人感伤蔡文姬的离去，为表思慕而吹奏的胡笳乐声，仿佛在耳。

图2 （传）宋 李唐 文姬归汉图之听乐 台北故宫博物院藏

第十三拍“伤别”（图3）中描绘的则是文姬与左贤王的主帐蒙古包，其侧小型蒙古包为备餐饮之处，侍从正在收拾碗盘。主帐大包前设有廊道与四柱支撑的庑殿顶大敞篷相连。惜别酒宴过后，驼车与护送人马已整装待发，文姬与左贤王依依话别，长子不舍母亲远行，紧紧拉着文姬衣袍，稚子伸手要回娘亲怀抱，左贤王掩面号啕，文姬心痛捂嘴无法言语，周遭侍从掩面悲泣，画面充分流露骨肉别离的哀伤。画幅上方题诗：“童稚牵衣双在侧，将来不可留又忆，还乡惜别两难分，宁弃胡儿归旧国。山川万里复边戍，背面无由得消息，泪痕满面对残阳，终日依依向南北。”

图3 （传）宋　李唐　文姬归汉图之伤别　台北故宫博物院藏

诗文深刻地表达出文姬陷于还乡与亲情两难的内心矛盾。

元代宫廷曾建造宫殿式大型蒙古包，为居住、行政、设宴、会客、避暑和宗教礼仪而建造，可容纳数千人，十分壮观。元代以后，易于搭建拆卸便于移动的蒙古包也成为满族建筑中的一部分。到了清代，宫廷中依然继续沿用，例如乾隆年间平息准噶尔部叛乱后，乾隆帝在避暑山庄万树园中接见准噶尔部首领并赐宴之所即为一大型蒙古包。画院画家郎世宁等将赐宴情形仔细地描绘于《万树园赐宴图》（图 4）中，画幅后方为一豪华大型蒙古包式帐殿，内铺地毯，设宝座，摆宴桌。两侧另有小型蒙古包及庑殿顶垂幔帐篷。乾隆帝端坐于十六名太监抬着的肩舆上，在王公贵族与文武大臣簇拥下，缓缓进入宴会场地，文武百官向皇帝行跪拜之礼，准噶尔部首领等都跪于地迎候。硕大的蒙古包彰显了乾隆皇帝君临天下的气势。

蒙古包是蒙古族经过千百年来的摸索发展出造型独特的居住空间，不仅能经受大自然风霜雨雪的考验，更让游牧民族便于自由迁徙。蒙古包不仅是家庭与部落生活的中心，更见证了蒙古族世世代代的文化传承。

图4　清　郎世宁等　万树园赐宴图　故宫博物院藏

第四章 行

玉辂銮铃 轺车捷

现在出门最方便的交通工具应该是地铁或公交车了，当然如果能开车、骑自行车或摩托车，那就更是来去自如了。不过，古代中国人和这些交通工具是无缘一见的，这并不是说古时候没有车，而是古代的车全赖兽力或人力拉动，还没有像现代这样靠机械引擎驱动的车。

中国车辆相传创于黄帝。史籍中记载，距今将近五千年前，黄帝以横木为轩，直木为辕，创造了车子，故号为轩辕氏。到了夏禹时期，经过研究改良后，车辆形制发展出一定规制。到了商周时期，车辆已与后世无多大差异。车辆可大致分为有盖与无盖两类，车盖一为防雨，一为表示尊贵，通常车盖是可以拆卸解下的。车辆附上帷幕以为屏障者称为帷车、缁车或衣车。汉代以前，帷车只供妇女乘坐，如此妇女的容颜不致为外人看到，一般人使用的车则不附帷幕；而且，只有妇女能坐于车中，男子乘车皆为立乘，即使天子亦不例外。汉代以后，坐乘渐渐流行，男子也时兴坐帷车，因为坐在车里总比站着要安逸舒适些，由于帷车有遮帷可保护隐私，汉代以后大都改为乘坐帷车了。

古代天子用车称为辂车。辂是古代车辕上用来挽车的横木，也用来称呼大型车辆，因此用珠玉装饰专供帝王所乘的大车，即称为玉辂。传为宋代画家李公麟所绘《孝经图》（图 1）中，描绘有

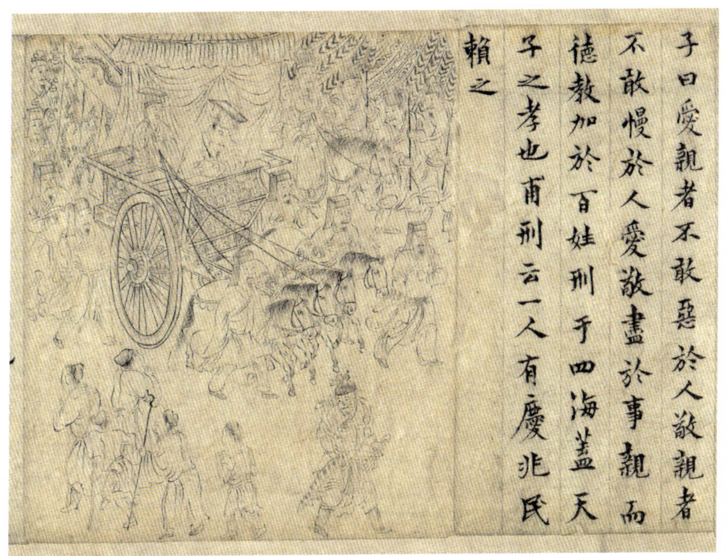

图 1　（传）宋　李公麟　孝经图（局部　诸侯用车）　台北故宫博物院藏

图2 明 出警图（局部 象车） 台北故宫博物院藏

诸侯出巡情况。诸侯为地位仅次于天子的一国之君，他双臂伏于车轼上，看着车下的子民，御者居诸侯之右，此为古礼。古时人虽尚右，唯独乘车尚左，故乘者皆位于御者之左。不过，兵车则例外，御者居左，元帅居右。画幅中拉车的四匹马，中央两匹负责用力向前的马称为两服，外侧两匹负责左右方向的马称为两骖，四匹马拉的车称为上乘，如果只有两匹，则称为中乘。帝王所乘之车尚有銮车，即系有铃铛的车驾。《说文解字》谓："銮，人君乘车，四马镳，八銮铃，像鸾鸟声，和则敬也。"试想华丽玉辂车驾前进时，銮铃齐鸣，旌旗飘扬，百姓仰望拜揖，帝王威仪尽现眼前。

皇帝出巡时最引人注目的应是作为先导并以鼓吹清道之象车。象车之制始于两晋，晋武帝时南越献驯象，帝诏做大车驾之，以载黄门鼓吹，使驯人骑之，后世承其制。明人《出警图》（图2）中可见象车之仪制，四头大象背覆锦披，上置黄金宝瓶，协力拉着华丽的彩绘朱漆双轮车缓缓前进。

除了马车外，牛车在民间最常见。清代画院所绘《清明上河图》（图3）中，两辆双轮牛车分别由三头牛拉着前进，车顶装篷以遮阳避雨，赶车人或在前牵着缰，或在一旁持鞭督促。牛车后方另有一驴吃力地拉着车，一般较穷困的人家买不起牛马，只好用驴或人来拉车，以人挽行或推拉的车则称作辇。北方常用的合挂大车是用多头驴或骡来拉行。清代画院画家所绘《清明上河图》

图3　清院本　清明上河图（局部　牛车）　台北故宫博物院藏

图 4　清院本　清明上河图（局部　合挂大车）　台北故宫博物院藏

中的合挂大车（图 4）载货极重，动用了二十头骡子才能拉动。大车上站着人吆喝前进，骡队两侧另有赶车人持鞭催打，车后系了三头备用骡子，好接替前面队伍中拉累了的伙伴，一步一步辛苦地将一车货运到目的地。

上述皆为日常代步或载物之车辆，若是作战时用于攻防则有特殊设计的战车。黄河流域的中原大地是中华民族的重要发祥地，地势平坦开阔，宜于车战，所以，从商朝到战国时期，作战的方式主要为车战。考古出土有商晚期的战车，独辕两轮上架长方形车厢，厢门开于后方，辕前端置车衡，车衡上缚两轭用以驾马。每辆战车载甲士三名，左方甲士持弓，主射，是一车之首，称车左又称甲首；右方甲士执戈或矛，主击刺，排除障碍，称车右，又称参乘；居中者是驾驭战车之御者，随身佩带防身的短兵器。战车上的三名甲士加上隶属的步卒、后勤车辆与徒役，是当时军队的基本编制单位，称为一乘。据史籍记载，商汤灭夏之主力为“良车七十乘”；周武王灭商之主力是“戎车三百乘”。到了春秋末期，大型诸侯国拥有战车数量已高达四千乘以上。中国古代两军对峙时，除冲锋陷阵的战车外，还需有载兵器、运粮草炊具和燃料等运输车辆。大队车马浩浩荡荡驶向战场，万乘之国的气派可想而知。

秦汉时期，战争地域扩及华北山地与江南水域，战车无法有效发挥战力，灵活机动的骑兵兴起，攻击主力的战车从此退出战场。而在攻城防守的战事中，出现其他类型的战车，如楼车在车上高悬望楼，以侦察敌军动静；又如巢车于车上设有以辘轳升降的瞭望台以窥探敌情，因人在瞭望台中如鸟在巢中，故称巢车。

战车虽退出战场，但依其形制演变出一种轻便快捷的小马车，称为轺车。《释名·释车》解释轺车之名：“轺，遥也，遥远也，四向远望之车。”汉代初期的轺车为立乘，后改为坐乘，一车可乘坐二人。因轺车结构简单，快马轻车便于出行，小吏外出办公

图5　东汉　轺车（随葬模型）
甘肃省博物馆藏

或邮驿传递公文时多用轺车。如甘肃出土的东汉轺车铜铸随葬模型（图5）。车为双辕，辕之前端伸出车厢与横轭相接，车厢之上设伞遮盖，伞柄自车厢前轼之孔眼中插下，直通车厢底，双手持缰之小吏跪坐于车厢内左侧。由此结构轻巧的轺车模型，可约略推想汉代轺车的真实形貌。

伞盖御雨
壮威仪

下雨天撑伞是司空见惯的事，自古至今伞的变化不算大，只不过现在的伞大都是尼龙布或塑料制品，以前则多是油纸伞罢了。可是，另外一种和伞形式差不多的用具，现在却很少见到，那就是盖，由于形状似伞，故也称作伞盖。

古时的盖有两种功用：一是御雨，另一则是显示尊严威仪。通常，盖多装置于辇车上遮风挡雨，或是随行于王公贵族出行的仪仗中以示尊荣。车上置盖源于黄帝，相传黄帝与蚩尤大战于涿鹿之时，常有五色云气停于黄帝车上，于是，黄帝就命人仿制而成车盖。历来王公列侯的车盖都非常考究，据文献记载，有的用孔雀羽毛覆盖于顶，称为羽盖；也有用金玉装饰再绣上荷花、灵芝或凤凰等花样，称为荷盖、芝盖或凤盖。这些华美的伞盖虽已不见实物，但清乾隆皇帝敕令编纂的《皇朝礼器图式》中记载元代孔雀盖，以朱漆竿，首建小盖，盖顶以孔雀毛径尺许，下垂孔雀尾。乾隆帝以此为本，另以绣满孔雀翎的绿缎为之，称为翠华盖；又依汉代典籍所载芝盖，以通绣五色灵芝的紫缎为之，称为紫芝盖。将古代伞盖的华美风采以新颖之形式呈现。

秦代以前帝王出行仪仗伞盖的使用情况史载不详，所幸由秦始皇帝陵出土的陪葬铜马车（图 1）可一窥秦代车上伞盖的样貌。铜车马为双轮单辕结构，车舆前、左、右三面立有栏板，前端有

图1　秦　陪葬铜马车
秦始皇帝陵博物院藏

轼，后为车门。十字形伞座立于舆内，座上插长柄铜伞，由座、柄、盖三部分组成。伞柄以饰有错金银纹样之圆管相接而成，伞盖由一片穹隆形铜板、盖斗与盖弓等部分组成。御者双手控缰立于伞下，神情恭谨肃穆。铜马车采用铸造、焊接、镶嵌、子母扣连接和转轴连接等多种工艺技术制成，车上链条至今仍然转动灵活，车门亦开合自如，牵动辕衡即能行进。秦代高超的青铜铸造工艺由此可见。人俑车马约为真人车马的二分之一大小，通体饰有精美彩绘，以白色为基调，配以大量金银配饰，肃穆典雅中透着富丽华贵。据记载，秦始皇出游时的车乘有八十一驾，此车仅是车队中后妃身份之乘车，当时出巡的盛况可想而知。

汉代开始，帝王出巡已发展出完整的制度。《后汉书·舆服志》记录有伞盖之使用规定：皇帝、太皇太后和皇太后使用羽盖；皇太子和皇子使用青盖。千石以上的官员用皂缯覆盖，三百石以上皂布盖，二百石以下白布盖。而庶民百姓则没有用盖的权利，至于商人甚至禁止乘车。

唐玄宗时对各种场合仪仗伞盖之使用有较严格的规定，例如宫中大朝会时，要使用大伞一把、大小方圆华盖一百五十六柄，分别列于御座的左右。唐宋以后帝王出巡仪仗队之伞盖仪制规定愈加完整，形制也越来越多变化。宋代以前之伞盖皆平顶，元代则另于盖顶加上金浮屠以示尊崇。

自汉代起，帝王出巡之仪卫扈从正式称为卤簿。卤是车驾次第，簿是前导兵卫。明代的卤簿更进一步分为祭祀时用的大驾卤簿、朝会庆典时用的丹陛驾卤簿以及南巡时用的武陈驾卤簿三种，而使用的数量、品类与色彩皆有严格的规定。卤簿之记录图文并列，其中辇、辂、舆、车、拂尘、提炉、香盒、水瓶、交椅、仪刀、戟、盖、扇、幢、幡、旌、节、仗、灯等，总计数十类。皇家成员在出行时，不同等级的卤簿仪仗形制各有分别，器用亦有差异，以示尊卑。如清《仪驾图》（图2）中所示为太皇太后、皇太后与皇后使用之仪仗，称为仪驾，凡三大节及诸庆典，由銮仪卫陈设

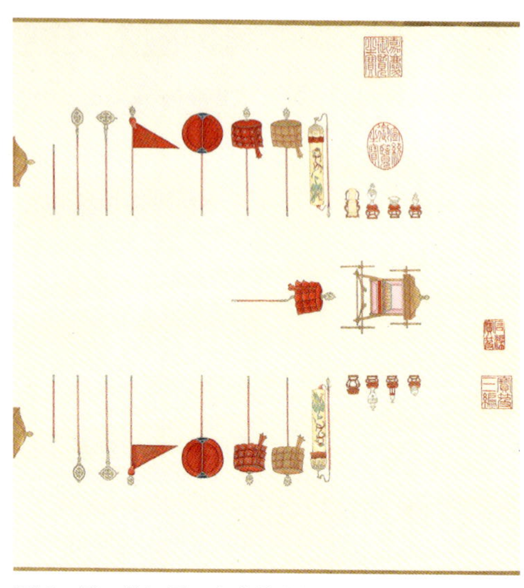

图2　清　仪驾图　台北故宫博物院藏

图3　明　出警图（局部　仪仗）台北故宫博物院藏

备用。图中器物皆设色描金，伞盖色彩缤纷，如黄九凤伞、红瑞革伞、青九凤伞、白银花伞、黑描金伞等，不一而足；圆顶、方顶、直柄、曲柄各种形制皆备。节庆活动正式出行时，就如明代宫廷画家所绘《出警图》（图3）中的皇家仪仗队伍，声势浩大，充分展现出皇家威仪。

《出警图》和《入跸图》二幅长卷合称为《出警入跸图》，描绘明代神宗皇帝谒陵祭祖出京与还宫时行进情况。“跸”是皇帝的车驾，警跸意为清道，即路上禁止行人，以便帝王车驾通行。《出警图》绘皇帝骑马由陆路出京，《入跸图》绘皇帝乘船走水路还

图4　明　入跸图（局部　直柄伞盖）　台北故宫博物院藏

京。仪仗队中的伞盖大多为直柄，如《入跸图》（图4）中侍从所持之红、黄、蓝、白、黑等伞盖。这支盛大的皇家谒陵队伍，由手持兵器的护卫、仪仗队侍从与文武百官陪同，自北京城德胜门出发，一直到距离京城四十五千米外明朝历代皇帝陵寝的天寿山。曲柄伞盖则见于《出警图》（图5）中，随侍皇帝身后的两名侍从所持之明黄华盖，这两柄伞盖之柄不是由顶直下，而是在上半段形成一弯曲。这种曲柄伞盖又称曲盖，相传周武王伐纣时，伞盖为大风吹折，后特地依其形状而制。曲盖对于撑盖之侍从而言

图5　明　出警图（局部　曲柄伞盖）　台北故宫博物院藏

实为一种省力的设计。因侍从地位低下，不能与权贵并行，走在后方的侍从向前斜举伞盖为帝王遮雨甚为吃力，曲柄伞盖不用斜撑，即可由后伸向前，遮于主人头顶。万历皇帝跨骑乌云盖雪名驹，身着两臂绣有精美龙纹的金色盔甲，佩刀持弓，单手控缰，缓步而行，英姿飒爽，气派非凡。两只曲柄伞盖上绣有金龙与五色锦饰，伞盖之下以雪白缎帷绕系曲柄，华丽美观。如今，这样的场面已不可得见。不过，每当用伞时，想起伞的姊妹——盖，曾经有过的辉煌历史，撑起伞来岂不更有意思！

一船过尽一船来

古代中国人讲到交通，总是说“北人走马，南人行船”。因为中国北方较干旱，交通以陆路为主；南方则多河川湖泊，水路是较为便捷的通行方式。陆上交通方式以徒步或车马代步即可，而水上行则必得仰赖船只才行。

船是怎么来的呢？中国古书上记载，古人看到落叶漂浮于水上，因而仿其形造舟船；也有的记载，是看到中空的枯木浮于水面而领悟到造船的道理。总而言之，不论起源为何，中国人早在殷商时期之前就已经知道制造船只来渡水。所以，在殷商甲骨文中已有“舟”字以及以舟为偏旁的字出现，可见舟船在商代已经普遍被使用。

早期的船构造简单，或是将木头挖空制成独木舟，或是用木板拼成船，更简便的则是将木条、竹竿，甚至吹满气的完整兽皮绑在一起，做成木筏、竹筏乃至皮筏。中国北方较多使用皮筏，南方则多用竹木筏。清代院画《清明上河图》中所绘即竹筏（图1），画幅左下方的两排竹筏是用十余根竹竿系成，因竹竿有长有短，以致筏尾参差不齐，筏上搭有小篷可置物或休息，右侧一筏已泊岸，两人在岸边打桩系缆，左边一筏正准备靠岸，船夫们或站或坐或跪，努力撑着篙将竹筏驶向岸边。

筏因构造简单，故形制并无多大差别，船就不同了。由于造船的技术越来越进步，船的形制也就愈演变愈复杂，船上附加物

图1　清院本　清明上河图（局部　竹筏）　台北故宫博物院藏

渐增，船的尺寸也愈大，由简单的独木舟，到拼板层楼叠屋的楼船。楼船是中国古代战船，于大船甲板上建楼数层，因而得名。因楼高船大，远攻近战皆宜，为古代水战之主力。楼船之名最早出现于春秋战国时期的越国，而真正于大战争中出现，则见于吴楚之战中。吴国以大型楼船作为指挥舰。到了西汉时期，楼船成为主力战舰，统率水军者称为楼船将军，所率之水兵称为楼船士。汉武帝时对南越与朝鲜等战争中，楼船都发挥了极重要的作用。汉代造船业相当发达，除战时使用外，楼船也被用作高级游船，据记载汉武帝曾建造可以承载万人的豫章楼船。东汉初年，汉中地区更曾建造以丝帛装饰的十层赤楼帛兰船。高大壮观的汉代楼船无法亲睹，但是在后世绘画中仍可见到具体而微的楼船，如清代丁观鹏所绘《南吕金行图》（图 2）中即有乾隆皇帝于北海与中海之间的太液池中乘坐之小型游乐楼船。南吕是中国古代传统音乐十二律之一，后将十二律与十二月结合称为十二月律，南吕对应者为仲秋之月，秋在五行中属于金，故而描绘金秋时节乾隆帝于太液池中泛舟之画，名之为“南吕金行”。

古代舟船除了以人力划桨行船外，也有在船上设置桅杆张帆，借风力行驶的帆船。如宋人《江帆山市图》（图 3）中所绘就是宋代帆船的样貌。波光粼粼的江面上，一艘风帆饱满的船正顺风驶向岸边。船顶一人着官服官帽，正翘首眺望对岸，岸边有两艘

图2　清　丁观鹏　南吕金行图（楼船）　台北故宫博物院藏

图3 宋 江帆山市图 台北故宫博物院藏

靠岸的帆船，风帆已收起，桅绳则权充晒衣绳以晾挂衣物。画中所绘皆小型单帆船，若是大些的帆船则不止一张帆。宋代记载中提到有悬四张帆之船，四帆有正有背有侧有斜，用以取各个方向吹来之风，借四面八方风力的四帆船行驶起来当然比单帆船要迅疾许多。

除了用桨与帆外，在江河湍急或是水浅的河道中，船舶的行进就必须采用拉纤的方式。拉纤是由纤夫在岸上用纤绳拉着船前进。四川、贵州一带因江流迅急，船逆行而上时，拉纤是唯一的行船方法。纤夫们在岸上拉着纤，吆喝使力，一喝一进，步步拉

图 4　清院本　清明上河图（局部　拉纤）台北故宫博物院藏

船上行。清代院画《清明上河图》(图 4)中，商船在较浅的河道上，就是靠岸上拉纤，船上撑篙，同心协力把船拉过桥孔。正是，不道溪深待船久，一船过尽一船来！

水上渔家苦乐多

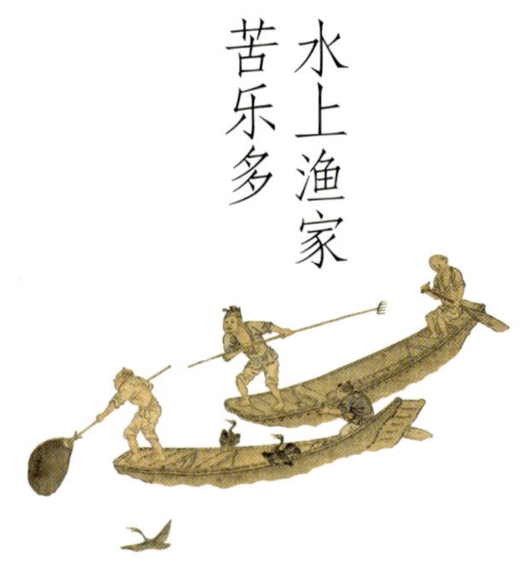

“江头渔家结茅庐，青山当门画不如”这两句描写渔家水上生活中悠闲的情景，实在令人向往。想想泛舟江上捕鱼之暇，还能享受江上清风，放眼望去，夹岸绿荫，层层青山，无一不胜似画中景色，这样的生活真是惬意。但是，这份惬意只是水上人家甘苦的一小部分，要经过多少张网结罟辛劳等待，捕获鱼儿换取温饱之后，才有心思去享受那“青山当门画不如”的悠闲。所以，唯有了解渔忙时的辛劳，才更能深刻感受水上人家的甘苦滋味。

在江上捕鱼衣着必得轻便，即便是十二月天让人冷得发抖，渔人们也照样上阵。五代画家赵幹在《江行初雪图》中翔实生动地描绘出渔家在冬天工作的情形。刺骨寒风中，为了温饱，渔人还是得在冷飕飕的江边撒网捕鱼。两艘小舟上的渔夫撑着篙，专注地看着水中准备捕鱼；另一艘小舟的船头架设了一个四边有支架的大渔网，称为罾。罾的上端由两根竹竿架着（图 1），后系一绳与另一竿相连，绳末端由人控制，如要让网下沉入水，则放松绳索。图中在船尾控制绳索的渔夫正吃力地旋转着如辘轳一般的木棍，一小童在一旁帮忙整理绳索，大渔网慢慢自水中升起，守在渔网边的老渔夫左手扶着网，右手持一杆小网，在大网中探取是否有渔获。看他略带微笑，八成是捕到鱼了！

图1　五代　赵幹　江行初雪图（局部　船头架罾）　台北故宫博物院藏

图2　五代　赵幹　江行初雪图（局部　茅棚架罾）　台北故宫博物院藏

罾不一定架在船上，也可以装于水边之茅棚架（图2）。茅棚用木条搭起基架，再用竹片与芦苇编的篷席搭成拱形的棚顶以避风雨。两个小渔夫瑟缩在茅棚里避寒，眼睛紧紧盯着棚架上已沉入水中的大罾。罾的前方竖着两排圈住鱼路的围篱，鱼儿被围篱挡住，只能由开口处游出，正好游入大弓网中。两人一个撑伞挡着雨雪，一个拉着绳索，准备鱼儿自投罗网后马上将罾拉出水面，那么一天的辛苦就有收获了！

河岸边水浅的地方没法张大网，尽管天寒地冻，渔夫们只能下水拿着长方渔网准备入水捕鱼（图3）。江边芦苇上落满雪花，

图3　五代　赵幹　江行初雪图（局部　入水捕鱼）　台北故宫博物院藏

而渔人却只穿着单薄的短衣裤，踩着冰冷的江水，为了生活，只有咬着牙往水里钻，渔家生活的辛苦可想而知。

辛苦一天，捕鱼告一段落，渔人可以好好吃顿饭再休息了。水上人家工作在水上，吃也在水上，憩息也在水上，一家五口把两艘船停泊在有树可避风的岸边（图4），一舟上的渔夫正在船头生火煮饭，熬着热粥和浓汤，船尾坐着一小童，冷得双手拢在袖中，眼睛却盯着热气腾腾的锅；另一小舟上的渔夫撑着篙稳住船身，舟上母子二人撑着伞，捂着手蜷坐一旁等候，看着白白的热气飘出锅外，待会儿锅盖一掀，香味四溢，全家一顿饱餐和充

图4　五代　赵幹　江行初雪图（局部　舟中炊食）　台北故宫博物院藏

分休息后，明天又是一段辛劳的水上生涯！正是清代郑燮诗“卖得鲜鱼二百钱，籴粮炊饭放归船。拔来湿苇烧难着，晒在垂杨古岸边”之写照。

渔人们穿着单薄，身形消瘦，在天寒地冻的时节，仍需架网捕鱼以换得一家温饱。在浩渺宽广的水域芦苇间、江水畔、草棚中与小舟上，一张张辛劳认真的面孔刻画着生活的沧桑与生命的无奈，然而苦中有乐，艰辛中有温情。

寒冬过后，水上渔家苦尽甘来，日子就过得乐多苦少了。明代周臣《渔村图》中生动地描绘出渔家乐的场景。捕鱼虽然辛苦，但用老祖先传下来的鸬鹚捕鱼法就轻松多了。鸬鹚善于潜水，以鱼类为食，在东方和其他各地，已被驯化为捕鱼工具（图5）。

图5　明　周臣　渔村图（局部　鸬鹚捕鱼）　台北故宫博物院藏

图6　明　周臣　渔村图（局部　渔家乐）　台北故宫博物院藏

图中三艘小舟载着十余只鸬鹚，其中五只合力将捕获的大鱼衔起，小舟上渔夫正笑呵呵地伸手抓鱼。而捕完渔获的渔夫们则将渔舟泊聚在一起欢笑喧闹（图6），有的为伙伴倒酒，有的斜倚酒坛歇息，有的手舞足蹈，醉态可掬。还有渔人好整以暇地横笛吹奏起来。眷属们有的抱着可爱的小娃娃，有的拿着筷子喂食小孩。上方泊于江边的二舟上，一人怡然自得地跷脚读书，邻舟妇人则专心吹炉火准备做饭，水上渔家生活中休闲温馨之乐如实呈现眼前。

杖履兼程 行万里

现代人出外旅行是非常方便的事，食宿交通都不成问题，只要把旅费准备好，带上换洗衣物，即可上路。但要是换成在古代，那可就麻烦多了。

先谈住吧。中国的旅馆要到战国时代才有，当时称之为逆旅，依《尔雅·释言》中说明："逆，迎也。"盖逆之原意是与他人方向相反，即面对他人，含迎向之意，逆旅即迎接旅客之所。战国以前，除非是政府官员，有政府设置的候馆可供住宿，一般人旅行过夜都只能投宿民家。

再谈吃的。一直到南北朝时期，旅店才开始提供食物供旅客果腹，在此之前的客舍都只供宿而无膳，所以，出远门必须自备粮食。《庄子》中写道："适百里者，宿舂粮；适千里者，三月聚粮。”可知当时的旅行者去百里以外，要准备过夜的干粮；而要去千里之外的人，则必须准备三个月的粮食。除此之外，长途跋涉只带粮食还不行，如要热食，还得自备炊具餐具，否则只能一路吃冷食啃干粮了。《论语》中也记载：“（孔子）在陈绝粮，从者病，莫能兴。子路愠见曰：‘君子亦有穷乎？’子曰：‘君子固穷，小人穷斯滥矣。’”孔子周游列国时，师生避乱南行，行至陈蔡之间，因为战乱而田园荒芜，人烟难觅，终至粮尽断食。跟随的学生都因饥饿而患病，没法起身。子路愤愤不平地表示，难道君子也有穷困潦倒的时候？孔子回答道，君子虽穷，但穷不失志，而小人一旦穷困，就会自暴自弃而一蹶不振。孔子临危不乱，遇困境仍把握机会教育学生做人道理，至圣先师当之无愧。

古代旅行中，必须随身携带常备药物，另一项必备者则是虎子，即夜壶。因为古代客栈没有专门的厕所，所以，夜壶也是旅行必备用品。

最后谈行。乘车乘船当然便捷些，但一般而言，安步当车，也就是徒步旅行是最节省的旅行方式，骑驴或马代步，也是经济方法。在投宿客栈或通过关口要道时，必须缴验身份证明，这种身份证明称为验、节或传，就如同现代住旅馆需用身份证或护照一样。

虽说古代旅行有诸多不便，但道路情况却不错。中国道路修筑发展得很早，在周代已经有平直的大马路，《诗经》描述“周道如砥，其直如矢”。可知周代之道路已相当平整。秦代更修筑驰道以利天子巡幸天下，当时的驰道从咸阳与洛阳两城向外辐射而出，路面宽广，两旁植树，类似现代的高速公路。汉代继续扩展道路，以长安为中心形成一个连绵的道路网。这些大道之外，地方上的小径也四通八达，在偏远的山谷陡峭崎岖处，更有用木架筑成的栈道以便行旅通过。唐人画《明皇幸蜀图》中，就描绘有危岩深壑之上，钻岩插木搭柱撑板的栈道（图 1）。盘

图1　唐　明皇幸蜀图（局部　栈道）
台北故宫博物院藏

图2 宋 范宽 溪山行旅图（局部 旅人） 台北故宫博物院藏

旋于高山峡谷间的川陕栈道令人叹为观止，真正是“蜀道之难，难于上青天”！

古画中有不少描写行旅的作品，像是宋代范宽《溪山行旅图》（图2）中，两位旅人在深山中赶路，四头驴子驮着行李与粮食，一人持杖在前方引路，一人背负行李架殿后。在滚轮行李箱出现前，这种行李背架是古代旅行时帮助个人携带行李的一种工具。

图3 宋 张择端 清明上河图（局部 行脚僧） 故宫博物院藏

宋代张择端所绘《清明上河图》（图 3）中，就很清楚地将这种行李背架描绘出来。一名行脚僧打着绑腿，足蹬适于长途旅行的草鞋，踽踽独行汴梁闹街上。他所背的行李架，称为经箧。经箧中盛放经卷什物，还插着一根拐杖。僧人右手持拂尘，左手持经卷。经箧上方往前延伸出一遮风避雨的竹篾编织顶盖，顶盖垂下的诸多物件中有一盏小灯，于夜间行进时可作照明之用。

图4　清　董邦达　西湖十景图（局部）　台北故宫博物院藏

自元末明初始，文人于旅游后，常以绘画记录其行程与景点，称之为记游图或纪行图。晚明以后，山水画风受到记游图影

响，变得更加具体写实。如清代董邦达所绘之《西湖十景图》（图 4）是在乾隆皇帝南巡前，臣工以绘画方式所作的江南旅游信息图，如白堤东端第一桥的“断桥残雪”与白堤西端孤山南麓的“平湖秋月”等景点，让皇帝于南巡前先透过旅游信息图来感受西湖之美并熟悉西湖十景之特色。

晚明文人自行出版的文集中，出现大量咏景记游的文章。最著名者当推明末地理学家徐霞客，经过三十余年冒险探索的旅行之后，他留下了六十余万字的旅游记录，后人整理成《徐霞客游记》一书，内容包括几乎大半个中国的美景，被誉为“古今游记之最”，徐霞客可算是中国穷游背包客始祖和实用旅行攻略先驱呢！

第五章 育

古来百善孝为先

中国人食、衣、住、行中的茶米、饼面、丝绸、冠冕、鞋履、香炉、屏风，乃至车、船等，皆为物质生活中所需的用品实物，而在中国人的精神生活中，最基本的则当推孝道。

俗谚“百善孝为先”，在所有的德行中，孝是最重要的一环。从小师长就教导我们要孝顺父母，顺是顺从父母的意思，也就是听爸爸妈妈的话，这一点做来不算难。孝是善事父母，简单地说，是要全心全意地爱父母、体贴父母。这一点小时候体会不到，因为那时父母是生活的主心骨。等到逐渐长大后，对父母的爱虽然不变，但分心的事愈来愈多，还报给父母的关爱就不自觉地不够周到了。古人书中有谓：“树欲静而风不止，子欲养而亲不待。”为人子的悲痛与悔恨实在莫过于此。所以，年事稍长后，对孝道的实践就更需要尽心尽力了。

历史上孝之大者当首推《史记》作者汉代史学家司马迁。司马家族在周代即任太史，春秋战国诸侯兼并，家族没落，逐渐失去家学传统。迁之父司马谈博学多才，被委以太史令之职，然因封禅事忤汉武帝，司马谈唯恐孔子微言大义之春秋笔法后继无人，遂引《孝经》之言“且夫孝始于事亲，中于事君，终于立身。扬名于后世，以显父母”勉励司马迁接续家学。迁继任太史令后，因李陵降匈奴事忤汉武帝，被打入死牢。为实践父亲遗训，迁自请宫刑后改任中书令，忍辱苟活发愤著书，六年后《史记》完成。南宋史学家郑樵赞曰：“使百代而下，史官不能易其法，学者不能舍其书。六经之后，惟有此作。”在这部血泪写就的旷世巨著中，司马迁秉笔直书批判汉武帝，司马迁也因此再度被打入死牢，屈死狱中。司马迁著《史记》即是“扬名于后世，以显父母，此孝之大者”。

《孝经》是曾子记录孔子之教诲，综述孝道思想而成之书，是中国人对孝道最精微的阐释。其内容由孔子开宗明义论孝开始，次述天子、诸侯、卿大夫、士与庶人等不同身份者应尽之孝，接着再论孝治、谏君与事君等孝的功德与范围，使历代中国人论孝，不仅止于亲子之孝，更扩及于立身行道与德治教化。孝道实即中国伦理文化传统的基础，中国人生活的根本。

将《孝经》文字转化为绘画形象，有利于教化普及，所以自古以来，以《孝经》为题材的绘画很多。南宋高宗皇帝就常令画师依据《孝经》绘制成图，赏赐群臣作为教化宣传。传为宋代李公麟的《孝经图》中，用不同的场景诠释不同阶层人士尽孝忠君的意涵。“开宗明义”第一章（图1）是全书的纲领，开示孝道

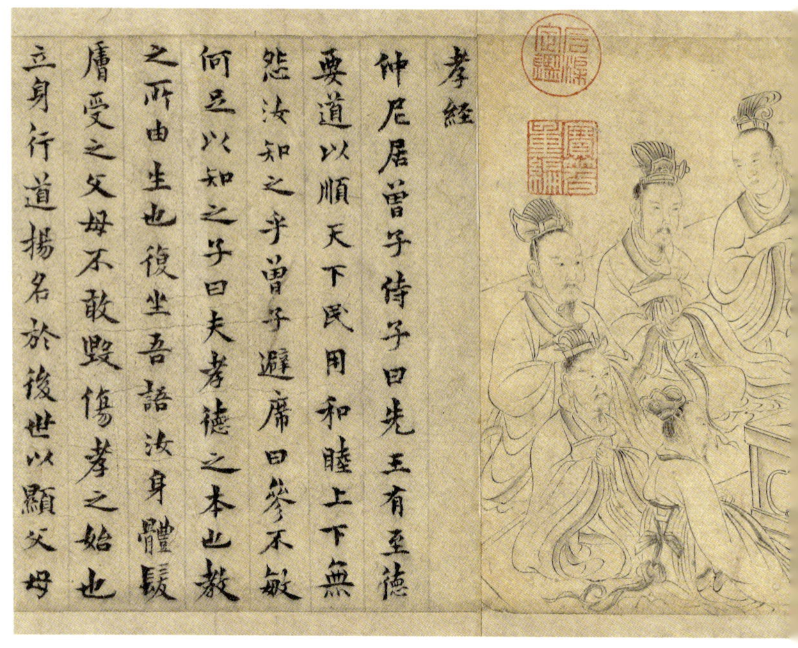

图1 （传）宋　李公麟　孝经图之开宗明义章　台北故宫博物院藏

的宗旨，说明以孝为政，则上下无怨；以孝立身，则显亲扬名。右幅描绘孔子坐榻上，对长跪于前的曾子与诸弟子讲述孝道的情景，左幅书写第一章全文，其中既有司马谈教诲司马迁所引，也是中国人多能背诵之句："身体发肤，受之父母，不敢毁伤，孝之始也。立身行道，扬名于后世，以显父母，孝之终也。"

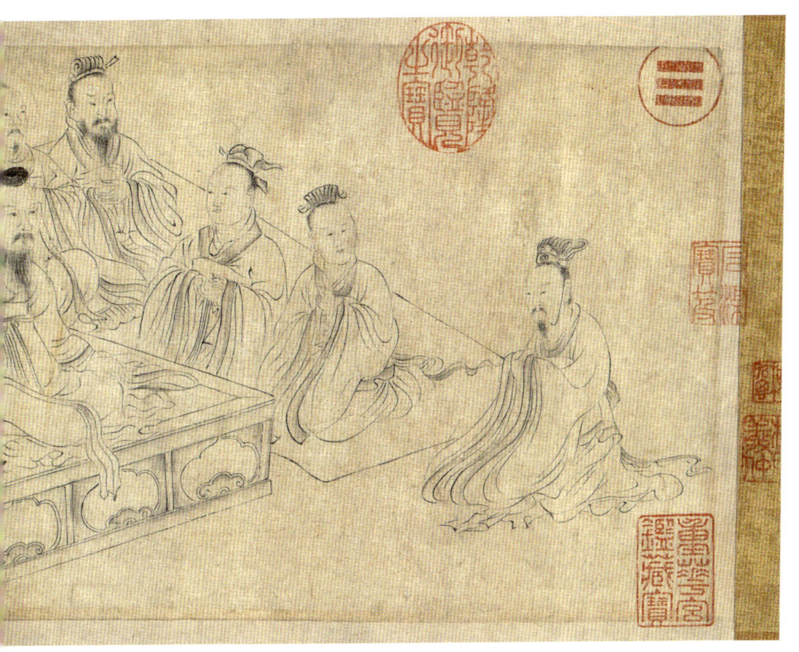

传为宋高宗书、马和之绘《孝经图》第二章为“天子章”（图2），右幅描绘天子毕恭毕敬地跪向母后请安，左幅所书：“子曰：‘爱亲者，不敢恶于人；敬亲者，不敢慢于人。爱敬尽于事亲，而德教加于百姓，刑于四海，盖天子（之孝也）。’”此章讲述天子的孝道，天子虽然地位尊贵，但也是父母所生，天子如果能以身作则，爱敬父母，那么人民一定会受其感化，都能对双亲尽孝。

传李公麟《孝经图》之“士人章”（图3）描绘二老盘膝安坐，其前满置食品，士人跪于地与立于屏风侧的妻子一同侍奉双亲，父母亲欣慰地接受子女们妥帖的照顾。士人章云：“资于事

图2 （传）宋　宋高宗书、马和之绘　孝经图之天子章　台北故宫博物院藏

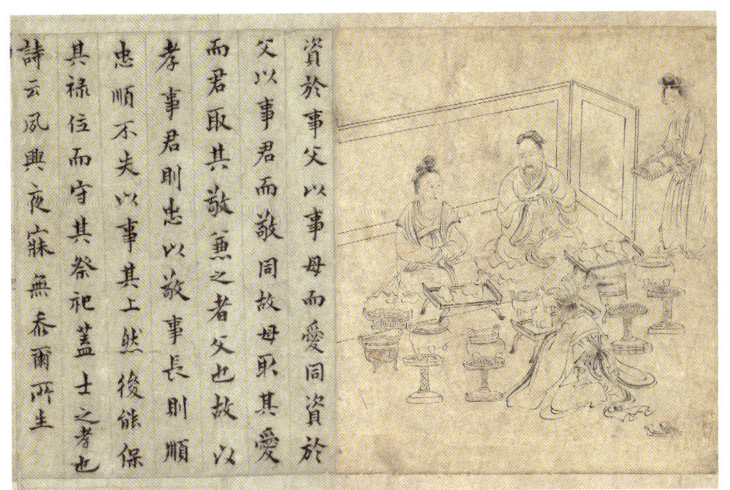

图3 （传）宋 李公麟 孝经图之士人章 台北故宫博物院藏

父以事母，而爱同；资于（事）父以事君，而敬同。故母取其爱，而君取其敬，兼之者父也。故以孝事君，则忠；以敬事长，则顺。忠顺不失，以事其上，然后能保其禄位，而守其祭祀，盖士之孝也。《诗》云：‘夙兴夜寐，无忝尔所生。’”意即士人应以侍奉父母的爱敬之心去事君事上，做到事上以顺，事君以忠，尽职尽分，才不会辱及父母，从而完成肩负之重任。

李公麟《孝经图》之“三才章”（图4）中描绘百姓在溪边宴饮歌舞、揖让寒暄的和乐画面，说明孝道是贯通天、地、人三才为一的道理。天包罗万象，地孕育万物，人的孝道则是百行之首。

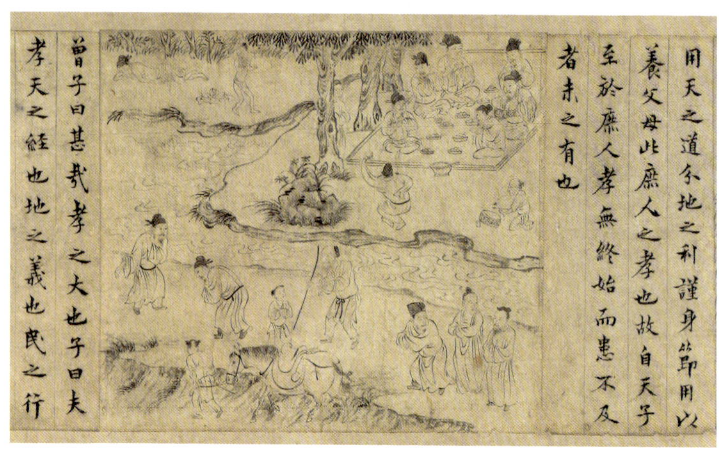

图 4 （传）宋　李公麟　孝经图之三才章　台北故宫博物院藏

人应当效法天地永恒不变的自然法则，孝敬父母；而在上位的君主，也当因孝立教。正如孔子所云:“夫孝，天之经也，地之义也，民之行也。”

《孝经》明白指出，人虽有尊卑地位之不同，但事亲尽孝的心，却是不分贵贱、没有终始的。从敬爱父母，进而尊敬长上，爱护人民，乃至爱护万物，所有修身、齐家、治国、平天下的道理都包含于孝道之中，也因此孝道始终是中国传统文化伦理道德之中心思想。

百善孝为先，身为人子，千万不要留下“树欲静而风不止，子欲养而亲不待”的遗憾！

兴学教化 育英才

人的一生当中，学校是一个影响极大的场所，在踏入社会以前，人的生活圈子总离不开家庭与学校。从幼儿园开始，小学、初中、高中到大学，几乎已是大多数人必经之路。在学校除了吸收知识、培养学问外，更要学习在团体生活中，人与人之相处之道。同时，也学习如何修养个人的德行，成为有用之人，日后能将所学贡献给社会，这是进学校受教育的最根本目的，也是学校教育的一贯传统。古今学校教育的内容或有出入，但宗旨始终不变，除传授知识技能外，最要紧的是教导学生如何做人。不过，在学校制度与上课形式方面，中国古代的学校就和现代不太一样了。

中国古代学校最初设立的目的是为政府培养治国人才。夏、商、周三代主要是世袭贵族政治，入学受教育者皆为贵族官员子弟，民间子弟没有机会接受学校教育。西周前期，因战事频仍，学校教育以武事为主。西周后期政权趋于稳定，学校开始加强文化教育，教师多改由文官担任，教育内容以礼、乐、射、御、书、数六艺为主。到了东周时期，天下大乱，周王失去对全国的控制，诸侯各自依行政区设置自己的官学。大体上，乡里的学校叫作庠、序、学与校，相当于现代的小学、中学；列国诸侯的学校叫作泮宫，相当于省属大学；中央政府所设的学校称为辟雍，相当于国家直属的大学。

东周时期出现百家争鸣的学术现象，儒、道、法、墨、名、兵、农及阴阳等各家学派多由私人办学来传承思想，于是大量私学兴起。因各学派不同之思想体系，在教学内容、教学方法与教育观念方面都有创新，于是学校教育脱离了官学的束缚，创造出教育内容多样化、教育对象平民化的新局面。

到了汉代，汉武帝在董仲舒的建议下，罢黜百家，独尊儒术，中国教育开始以儒学经典为教授与学习的主要方针。武帝设立太学，将儒家典籍《诗》《书》《易》《礼》《春秋》列为必修教材，并设五经博士来教授儒家经典。太学对学生的出身不做严格要求，通过举孝廉、征茂才与举贤良方正等方式选拔人才，并对家境贫寒之平民提供资助。

东汉时期出现了中国第一个专科学校——鸿都门学。此校为酷爱辞赋书画的汉灵帝所创立，因校址设于洛阳鸿都门而得名。此校招收平民子弟入学，学习内容以尺牍、小说、辞赋与字画为主，专修文学艺术的鸿都门学为后代各种专科学校开辟出新的道路。

魏晋南北朝时期官学衰落，私学兴盛，为选拔人才另立九品官人法。这种重视家族出身胜于个人才学的选拔模式，剥夺了寒门平民的入学途径，形成“上品无寒门，下品无世族”的不公平现象。一直到隋唐开创科举考试制度，不分贵贱，唯才是举，始打破魏晋独厚门第出身的陋习，为选拔人才提供了新的方式。在科举考试的配套实施下，中国教育制度终于得以完善发展。

古代私塾附设有进行启蒙教育的蒙馆，儿童学习重在识字、写字以及基本道德常识，教学内容以《三字经》《百家姓》《千字文》《千家诗》《论语》为主。蒙馆的教学方式是由先生领读，学生跟读，多采填鸭式，死记硬背；教授写字则是描红，由先生用朱墨写“上大人、孔夫子、化三千、七十士”等字，学生再用毛笔照着填写。其次是蒙格，让儿童用纸蒙着先生正楷写好的格式影写。最后才能临帖，由先生依学生笔性，挑选适合的字帖进行临摹。

在进入正规学校以前，一般会把子弟送到蒙馆中读写启蒙打下基础。但小孩儿顽皮惯了，要他们乖乖坐着念书，实在不是件容易的事。如果又遇上一位老好教书先生，那学堂里的情景就可想而知了。村童闹学的有趣场面因此经常被历代画家选作绘画题材。明

图1 明 仇英 村童闹学图 上海博物馆藏

代画家仇英的《村童闹学图》（图1）描绘茅舍学堂中，教书先生累了，正伏在讲台上歇息，乖一点的学生在老师示范的朱墨字“上大人、孔夫子”上练习描红。顽皮的学生可就坐不住了，有摘先生东坡巾的，有偷偷描绘先生画像的，有披着书卷头顶茶壶扮起道

图2　清　华嵒　桐屋闹学图
故宫博物院藏

上的，有躺在桌上蹬着凳子模仿杂技的，有把课本当成帽子调皮扮鬼脸的，简直是孙猴儿大闹天宫，无法无天。不过，先生与家长们都有“不打不成器”的默契，所以先生被闹醒了，将戒尺一拍，保证怕挨打的小家伙们马上规规矩矩回到座位上，装着若无其事的样子。清代华嵒的《桐屋闹学图》（图2）则描绘梧桐树下的书舍中，教书先生趴在讲台上呼呼大睡，学童趁机大闹学堂，有的挥舞着先生的戒尺，有的戴着面具手舞足蹈地玩耍，还有大胆的摘了一朵花准备插在先生头上。画面呈现的正是画家所题“隐几酣然正昼眠，顽童游戏擅当前”诗句中之情景。学堂也有设于大马路边上的，如清代院画《清明上河图》（图3）中，路边学堂外墙上贴一“学”

图3 清院本 清明上河图（局部 学堂） 台北故宫博物院藏

字，课堂内的教书先生手举戒尺，正在处罚一名学生跪地温书，窗外一男子背手观看授课情形，一小童攀于窗沿，另一小童却向着墙角尿尿，如实呈现出古代学堂的有趣景象。

古代私学上课的情形，可由传宋高宗书、马和之绘的《孝经图》之“开宗明义章”（图4）中一窥究竟。至圣先师孔子于三十岁时开始收徒讲学。相传孔子聚徒讲学之处栽有四棵杏树，孔子弦歌鼓琴，弟子读书，因此孔子讲学之所被称为杏坛，后世聚众讲学之所也因此泛称杏坛。图中描绘的即是孔子盘坐杏坛讲学，学生不分老少，皆跪坐席上，揖手专心听课的情景。

自东周时期开始，私人讲学的风气一直持续，到宋明时期的书院达到私人讲学的巅峰。这些书院是当代大儒讲学所在，如宋代的“二程”、朱熹，明代的王阳明都曾在不少书院讲学，各地慕名而来的士子不计其数。著名的东林书院创建于北宋，是江南一带的理学重镇。明末思想家顾宪成重修东林书院，各方文士济济一堂,讨论经史,评议时政,视天下为己任。顾宪成曾留名句:“风声、雨声、读书声，声声入耳；家事、国事、天下事，事事关心。”我辈读书人皆应有此胸襟，以此自许才是！

图4（传）宋　宋高宗书、马和之绘　孝经图之开宗明义章
台北故宫博物院藏

良师桃李满天下

对人的一生影响最大的一是父母，另一是老师。中国历史上最有影响力的老师首推孔子。孔子是周代鲁国人，他极为博学，诗、书、礼、乐无所不通，在教育人才方面的成就更是无人能及。在中国教育史上，孔子被视为“有教无类，因材施教”的万世师表典范。不论学生的阶级、身家与人品如何，只要是真心向学者，孔子皆兼容并包，倾囊以授。因此孔子成为教育普及与私人讲学之先驱。相传孔子有弟子三千，身兼礼、乐、射、御、书、数六艺通才者即有七十二人。弟子学成后，在列国服务有大贡献者甚多，大者为师傅卿相，小者友教士大夫，打破贵族垄断朝政的局面，下开布衣卿相之风气。

孔子不仅诲人不倦，更为匡正社会、劝谏君王行道而周游列国，期以力学济世。晚年，孔子整理古代文献，著书立说，删诗书、定礼乐、赞周易、修春秋，门人及再传弟子将其学说辑成《论语》一书。《礼记》一书中则记述了孔子的思想，如其中的《大学》与《中庸》等，孔子“学而不思则罔，思而不学则殆”“温故而知新”“君子道者三，我无能焉，仁者不忧，知者不惑，勇者不惧”“志于道，据于德，依于仁，游于艺”等主张构成中华文化的稳固基石。

孔子一生献身教育，为国家培育许多栋梁之材。为缅怀他在教育上的贡献，自汉高祖开始，历代帝王都将祭孔一事视为国之大典。唐太宗尊之为先圣，明世宗更将孔子尊为至圣先师。每年到了孔子诞辰日九月二十八日（或农历八月二十七日），全球很多地方都会在孔庙中举行祭孔大典，表达对孔子的景仰与怀念。祭孔时，用牛、羊、豕三牲奉祀，于中庭进行祭孔专属的八佾乐舞仪式，作为对孔子功德的礼赞。

古代祭孔大典并不在孔子诞辰当天举行，原本四时都固定举行祭仪，后改为春、秋两季。此外，学校开学或是皇帝视察学校时，亦行祭孔之礼。古代祭孔仪式须设置编钟、编磬与乐队。祭礼的舞蹈称为佾舞，依规定天子用八佾（六十四人），诸侯用六佾（三十六人），大夫用四佾（十六人），士用二佾（四人）。然因孔子对教育的贡献，汉代时封之为公，唐时晋封为王，故后世祭孔时，以诸侯之六佾舞，或以王之八佾舞祭之。后人为表达尊崇，渐多采用八佾舞祭之。八佾舞者手执翟（即雉尾羽毛）与钥（即短笛），随乐而舞，文官则捧笏躬立两旁，气氛庄严肃穆。殿内矮几上奉祀着牛、羊、豕三牲，四周陈列尊、彝等礼器（图1）。

至圣先师的举止容貌于文献中多有记载，由最亲近孔子的弟子们辑成的《论语》中可以粗略了解孔子的仪容举止。《论语·学而》中子贡的描述"夫子温、良、恭、俭、让"，《论语·述而》

图1 宋 宋高宗书、马和之绘 女孝经图之邦君章（祭孔仪典） 台北故宫博物院藏

“子温而厉，威而不猛，恭而安”，可知孔子性格温和，举止谦恭。至于其形貌，由《史记·孔子世家》之描述“生而首上圩顶……孔子长九尺有六寸，人皆谓之‘长人’而异之”得知，孔子的头顶微凹而身量甚高。《荀子·非相》中谓“仲尼之状，面如蒙倛”，形容他阔面浓眉，须髯丰茂，类似驱鬼的面具。《庄子·外物》载：“老莱子之弟子……曰：‘有人于彼，修上而趋下，末偻而后耳，视若营四海，不知其谁氏之子。’老莱子曰：‘是丘也。召而来。’”综合各家记载可知，孔子身形伟岸，上半身较长，背略驼，丰髯浓眉，双耳后贴，为人温和谦恭。

有关孔子画像的记录，最早是东汉桓帝时期老子庙壁上所画《孔子像》以及灵帝时期鸿都门学中所画孔子及七十二弟子画像。元代文宗时追封孔子各大弟子公爵之位后，孔子画像开始加入肤黑与七露的特征。肤黑疑源自北宋真宗封孔子为玄圣之说。七露源自古籍中的记载：“眼睛露，黑白分明不为露；鼻露窍，山根正不为露；口露齿，唇不褰不为露；耳反轮，贴肉生不为露。”所谓露而不为露，为吉人贵相。《至圣先贤半身像》册中所绘《孔子像》（图 2）除呈现肤黑与七露二特征外，其眼睛瞳仁重复点睛，则源自传说中帝舜重瞳的特征，依据春秋著名相士所谓孔子“得舜之目”而绘。

清代道光年间《圣庙祀典图考》刊有《至圣先师孔子像》

图2 至圣先贤半身像册之孔子像 台北故宫博物院藏

版画（图3），依古代礼制，诸侯士大夫见天子时须持笏，在天子面前若以手势辅助说明，则需以笏为之。本幅孔子浓眉丰髯，冠服端整，左手持笏与右手相比画，口微张露齿，描绘的是孔子在庙堂之上为天子陈述政事的景象。画幅对开记载自周代以来，历代帝王对孔子的祭祀与追封谥号。

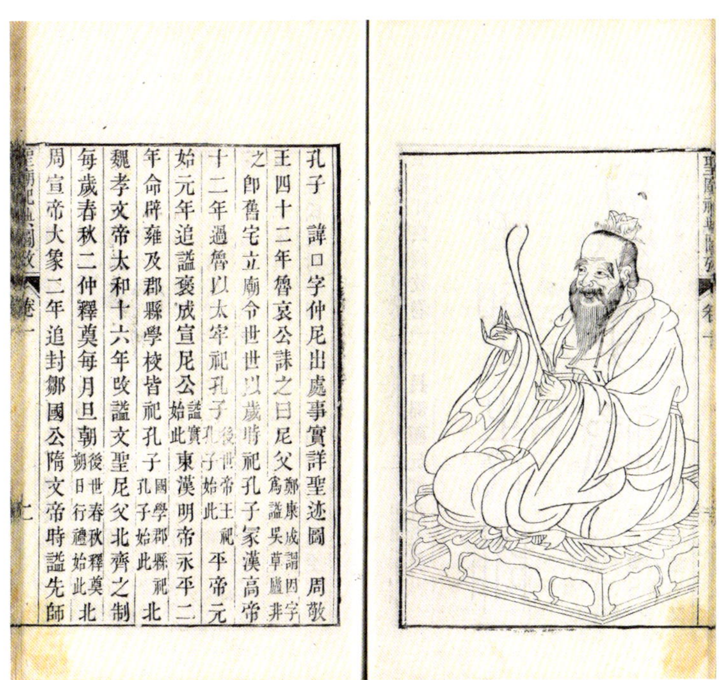

孔子 諱口字仲尼出處事實詳聖迹圖 周敬王四十二年魯哀公誄之曰尼父鄭康成謂因字爲諡吴草廬非之卽舊宅立廟令世世以歲時祀孔子冢漢高帝十二年過魯以太牢祀孔子後世帝王祀孔子始此 平帝元始元年追諡褒成宣尼公諡實始此 東漢明帝永平二年命辟雍及郡縣學校皆祀孔子國學郡縣祀孔子始此 北魏孝文帝太和十六年改諡文聖尼父北齊之制每歲春秋二仲釋奠每月旦朔後世春秋釋奠朔日行禮始此 北周宣帝大象二年追封鄒國公隋文帝時諡先師

聖廟祀典圖攷 卷一 七

图3　清　圣庙祀典图考之至圣先师孔子像　台北故宫博物院藏

孔子之后，中国的大教育家层出不穷，如战国时期墨子、孟子与荀子，汉代董仲舒，唐代韩愈，宋代胡瑗、“二程”、陆九渊、朱熹，明代王守仁等，培育了无数优秀人才，正是：良师桃李满天下，春风化雨润中华！

学优则仕
观科举

古代中国常以“仕而优则学，学而优则仕”来鼓励读书人劝学上进，已经为官者在工作有成之余，还是应该不断学习；而在学者若德业优长并有余力，则当求取仕进以贡献国家。

秦代以前，由世袭选士出任政府官员。汉代采用察举制，由各级地方官员考察推荐德才兼备的人才，最后由皇帝决定任用。魏晋南北朝时期，因世家大族势力强大，致使政府考核选用人才仅以门第出身为凭，形成“上品无寒门，下品无世族”的现象。为使民间人才不被埋没，自隋代起正式设立科举制度，“科”即考试科目，“举”即选拔，考生不论出身如何，只要学问才华出众，通过科举考试即可脱颖而出，达成学而优则仕的目标。科举初创于隋，唐代逐渐发展成熟，宋代进一步加以改良，确立了完整的体制，公平性大幅提升。明代科举考试专以四书五经命题，应试文章必须仿宋经义，文体则发展成以严格对偶句行文的八股文。清代科举之八股格式更加烦琐机械化，使士人思想受限，学问空疏不切实际，到了清末科举逐步衰落。综观科举制度自隋代开始，一直到清光绪三十一年（1905）废止，总计持续了一千三百余年，对中国的政治、社会与教育有极深远的影响。

科举考试主要分为三级，第一级乡试，第二级会试，最高一级殿试。参加乡试前，必须先经过童试，取得生员资格（一般也叫作秀才），然后通过乡试预选考试后，才能参加科举第一级考试——乡试。乡试每三年一次，一般在各省城举行。考场称为贡院，意指选拔人才贡献给国家的地方。中国古代规模最大的科举考场是位于南京的江南贡院（图 1、图 2）。乡试考期在秋天，又称秋闱，考取者为举人，第一名为解元。科举第二级的会试亦为

图 1 江南贡院老照片
摄于中国科举博物馆

图 2 江南贡院 摄于中国科举博物馆

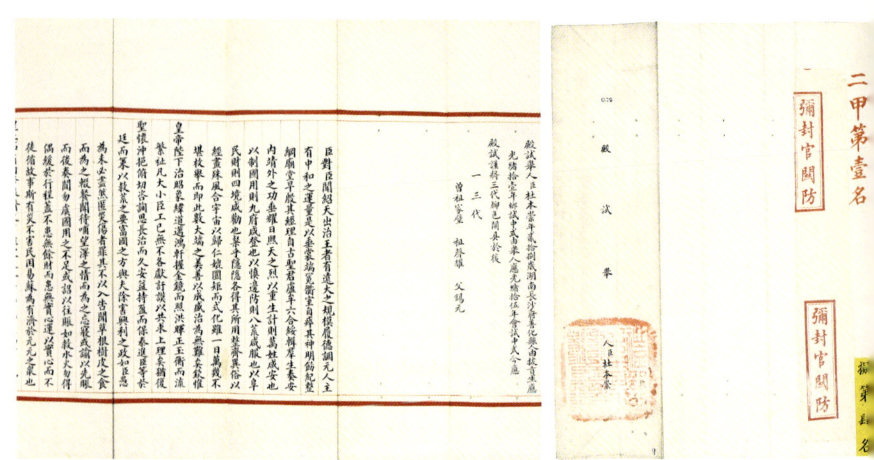

图3　清　二甲第一名殿试试卷　故宫博物院藏

三年一次，在首都举行，各省举人均可参加。考期定于乡试次年的三月，故称春闱，考中者为贡士，第一名为会元。秀才、举人与贡士都不是官员，必须经过殿试合格者，才能由朝廷授予官职。殿试是由皇帝在殿廷上对贡士进行考试，亦称廷试。殿试试卷卷面上书有殿试贡士之姓名并钤盖礼部官印。交卷后，弥封官要将卷面对折成筒状钉固，再以纸糊之将其姓名封藏，并于上下各加盖一方“弥封官关防”之印（图3）。殿试成绩分为三等，称为一甲、二甲与三甲。一甲取三人，赐“进士及第”，第一名状元，第二名榜眼，第三名探花；二、三甲各取若干名，分别赐“进士出身”“同进士出身”。一甲三名立即授官，二、三甲则须再经一次考试才能授官。

隋唐时期的科举分为明经和进士两科，明经科主要考试内容一为帖经，即摘录经书中的句子为题，句中空缺之字词，由考生填上；另一为墨义，是关于经文的问答。进士科是由考生依考题而作诗赋文章。因明经科考生只需熟读经书便容易考上，而进士科考生则需要理解经文并发挥创意始能脱颖而出，其难度远远大于明经科，考上的人数大概只有明经科的十分之一，故有“三十老明经，五十少进士”之语。宋代文学家欧阳修曾分析道：“东南之俗好文，故进士多而经学少；西北之人尚质，故进士少而经学多。所以科场取士东南多取进士，西北多取经学者。”不同地域的读书倾向明显左右了考生的未来发展。

以所学贡献国家社会，学而优则仕是中国士人学子传统的理想与目标。自幼启蒙、入学，经过各种考试进入政府体制，而后得以施展所长，服务桑梓，其间不知投入多少心血，经历多少辛酸。寒窗苦读、金殿面试、发榜观榜等种种考试过程与内容屡屡被写入文章小说，绘入图画之中，供后人缅怀。

清代梁亯《观榜图》(图4)中描绘科举考试过程中最紧张的时刻，即发榜观榜。清代发榜时间多在清晨天色尚未大亮的时候，远道的学子由仆从提着灯笼照路，心急的家眷推窗目送赶去观榜的学子。再看看明代仇英的《观榜图》(图5)，长长的榜单

图4　清　梁宫　观榜图（局部）　台北故宫博物院藏

下人已渐散，榜上有名的人兴冲冲地蹬马离去；有的人还不死心，仍抬着头不停地在榜上寻找；更有不少人满脸沮丧，由朋友或仆从搀扶着，颓然而返，显然已是名落孙山。真是几家欢乐几家愁。不过，有志者事竟成，下回开科取士卷土重来就是。

科举为中国历代发掘培养了大量人才，一千三百余年间经由科举产生的进士将近十万，举人与秀才则数以百万。宋明以来的名臣能相之中，进士出身者占绝大多数，正所谓“十年寒窗无人

图5　明　仇英　观榜图（局部）台北故宫博物院藏

问，一举成名天下知”。

经过千余年的改革，中国科举制度成为古代体系最完备的选官制度，虽然考试内容在后期逐渐僵化，但仍为历代朝廷提供了无数优秀人才。科举制度公开考试、平等竞争、择优录取的原则与规制，被世界许多国家的文官考试制度所借鉴引用，实为中华民族对人类文明的一项伟大贡献。

苍毫玉管 四德全

现代生活中，用到笔的时候虽然越来越少，但当你想涂涂抹抹或写个便条时，手边有支笔就称手如意许多。现在的笔可真是形形色色，毛笔、铅笔、钢笔、圆珠笔、签字笔……视情况需要，可随意选用，极为方便。反观古代中国，在需要用笔时，毛笔几乎是仅有的选择，而在毛笔发明之前，石片、竹条、木棍……任何可以画出痕迹的东西，都可以当作书写或绘画的工具。

毛笔在中国的历史悠久，根据新石器时代文化遗址出土陶器（图 1）上的笔绘水波纹推断，在距今四五千年前的古代中国，应该已有类似毛笔的工具，才能描绘出如此流畅美丽的线条纹饰。殷商时代的甲骨片上，留有未经镌刻的残留朱书或墨书文字，其笔画圆润，也类似以毛笔书写，甲骨文与金文中出现的“聿”字即是以

图1　新石器时代　马家窑文化　陶钵
故宫博物院藏

手持末端撮有兽毛的竹管书写之象形文字，为"笔"之初文。

目前能看到最早的中国毛笔实物，是在湖南长沙战国墓中出土的一管毛笔。该笔之笔杆为竹子制成，笔杆的一端削尖，笔毫是以兔毛围在笔杆尖端，再以细线缠紧，外面涂漆固定。这和后来将笔毛插于中空笔管中的毛笔不同。战国时期出土的笔，通常在笔外套有类似笔筒的竹管，管与笔之长度相当，甚至更长，竹管内放一支或数支笔，有的笔筒在中央部位挖两个相对的长圆形洞，便于取放毛笔。

到了秦代，制笔的方法有了突破。相传是蒙恬加以改良，以中空竹管做笔杆，将笔毛插入毛腔，即竹管孔中。至此，中国毛笔的结构大致定型。蒙恬以柘木为管，以鹿毛为柱，以羊毛为被，

图2 清 雕象牙笔
台北故宫博物院藏

制成之笔称为苍毫。

毛笔笔管以竹制最为普遍，到了明、清两代，制笔工匠为使毛笔具备更为赏心悦目的外表，遂采用金、银、玉、瓷、象牙、珐琅甚至雕漆等材料制作笔管，同时，还在笔身上绘刻雕镂各式纹样，让毛笔外观变得多彩多姿。如清代雕象牙笔（图2），白色象牙笔管上用锦地镂空方式雕出古钱纹饰，笔套上下缘染成蓝白回纹，中央以浅浮雕作楼阁渔舟、山水人物，雍容而雅致。

笔毛的材料就不如笔管那么多变化了。早期毛笔大都用狼毫、兔毫或两种合为笔毫，也有用鹿毛、鼠须、鸡毛甚至头发来制作。到了宋代末年，开始有羊毫笔出现。一般而言，羊毫较软，兔毫较硬，狼毫则较富弹性。选用毛笔全依个人习惯，喜欢用软毫的人通常选羊毫；喜欢笔毫硬些的，则可用狼毫或兔毫；若喜欢不太软也不太硬，则可采用软毫与硬毫混合而成的兼毫。如明代万历款黑漆管描金双龙纹兼毫笔（图3），黑漆地上以描金法绘双龙穿花纹饰，双龙鳞甲则镶以金银片，笔管上描金长方框内楷书“大明万历年制”，管顶与帽端镶嵌鎏金铜口，笔毫纳有两种以上之毫，呈葫芦形状。

通常，以狼毫与鸡毛合制之兼毫笔，称为鸡狼毫；若用兔毫加羊毫，则视比例而定名，因兔毫又叫紫毫，所以，十分之七的笔毛为兔毫、十分之三为羊毫之兼毫笔称为七紫三羊；如十分之一为兔毫，则称一紫九羊。大多数的笔管上都会标示笔毛的材质与比例，如纯羊毫、鸡狼毫或七紫三羊等。然不论何种笔毫，好的毛笔必须具备尖、齐、圆、健四个特点。明代书法家丰坊在《书

图3 明 万历款黑漆管描金双龙纹兼毫笔
故宫博物院藏

诀》中强调 :“尖齐圆健，笔之四德。尖取毛之锋，齐择毛之纯，不曲不枘则圆，中有长柱则健。”简而言之，毛笔四德即笔毫末端聚拢时尖锐锋利；笔尖润开压平后毫尖平齐；毫毛量充足，蓄墨饱满圆润；笔腰富弹性，运转提按自如。如此运笔书写自能如意，具备四德之毛笔才是真正称手的佳笔。

明代出现专为书写榜书大字的抓笔和提笔等大型毛笔。抓笔是毛笔中最大的型号，须以五指抓握，故称抓笔。提笔又称斗笔，因笔头安装于斗形腔中而得名，如清代“广谭虞笔”角管斗笔（图 4），笔管中细下宽，以牛角及象牙段间隔接续而成，

图4　清　广谭虞笔角管斗笔
台北故宫博物院藏

斗部四周刻“广谭虞笔”四字，笔毫是长而柔软的羊毫，非常适合悬肘书写大字。

与毛笔有关的器物另有笔匣、笔格、笔架、笔筒与笔床等，一般多以竹木制作，但也有用紫檀、乌木、陶瓷甚至翡翠等材质精心打造者。笔床是卧置毛笔的器具，如清代紫檀嵌玉笔床（图5），形如几而足内卷，可卧笔五支，床面嵌白玉俯卧回首螭形。由此温润秀雅的笔床，可以想象南朝徐陵形容古代仕女“天情开朗，逸思雕华，妙解文章，尤工诗赋。琉璃砚匣，终日随身，翡翠笔床，无时离手”之文采风韵。

图5　清　紫檀嵌玉笔床
台北故宫博物院藏

花笺色纸添雅趣

中国古代四大发明——造纸术、罗盘、火药与印刷术对世界文明发展有着深远的影响。在这四项大发明中，与日常生活关系最密切的应该就是纸了。每天生活中几乎都会看到纸、用到纸：一早起来盥洗室用卫生纸，到客厅看报纸，上学用课本、笔记簿，书法课用宣纸，美术课画图做纸艺，上街买东西店员用包装纸，应酬请帖用漂亮的香水卡纸……放眼望去，几乎随时会用到纸。那么古代中国是在什么时候出现纸的呢？

一般人观念中都认为纸是东汉蔡伦所发明，这个观念也许需要修正。半个多世纪以来，在陕西、新疆、甘肃等西北地区陆续出土了西汉古纸，证明在东汉以前，中国人已经知道如何造纸，只是质地比较粗糙罢了。在蔡伦以前，中国纸是用麻绳头和麻筋等旧纤维加工而成。蔡伦总结以往的造纸经验，开始改进纸的制造原料、方法与技术。他改用树皮造纸，将树皮经过剥皮、浸泡、蒸煮等工序制成纤维，再用这种新的纤维原料制成纸。新法制造的纸质量比以往精细许多，于是，大家就将这种新法制成的纸称为蔡侯纸。自此以后，中国纸的制造技术日趋成熟。

东汉以后，造纸的原料益趋多元化，麻、竹、藤、树皮甚至麦秆、稻草与海草均可用来造纸，制法则大致相同。到了隋唐时期，造纸术已经非常成熟，随着商旅与文化交流，造纸术逐渐传播到世界各地。

明末《天工开物》一书整理了明中叶以前中国古代的各项技术，其中记载了古法制纸的五个主要步骤：斩竹漂塘、煮楻足火、荡料入帘、覆帘压纸和透火焙干。先将砍下的竹子截成段，放入水中漂浸百日后，再捶去粗壳与青皮，取得竹纤维；后将碎料煮烂，使纤维分散后煮成纸浆；待纸浆冷却，用竹帘将纸浆抄起，成为纸膜；将纸膜一张张覆叠于木板，再于木板上置重石，压出水分，压紧纸膜；最后将压至半干的纸膜敷于墙上，以火烘干后揭下，一张张纸即制作完成。

纸不一定是白色的，为了防止虫蛀或日久腐朽，古纸会加上药物染色，例如用黄蘗汁染过的纸呈黄色，可以保存很久，故有“纸寿千年”的说法。也有将纸染成不同颜色者，如唐代的五色粉蜡笺，不但染上各种颜色，还加印上暗花，十分赏心悦目。文人雅士甚至亲自参与笺纸的设计与制作，如唐代才女薛涛在成都以浣花溪水、木芙蓉皮、芙蓉花汁制成红色彩笺，称为浣花笺。诗人李商隐有诗赞曰："浣花笺纸桃花色，好好题诗咏玉钩。"

五代时期徽州黟县所产贡纸，极受南唐后主李煜喜爱，将之存放于澄心堂，故名为澄心堂纸，其纸质地细薄光润，平滑紧密，然此纸仅供宫中御用，偶尔颁赐群臣，外间极少得见。直到南唐灭亡后，于南唐内库中发现此纸，世人才得以知晓。北宋诗人梅尧臣于诗中提及澄心堂纸："城破犹存数千幅，致入本朝谁谓奇。

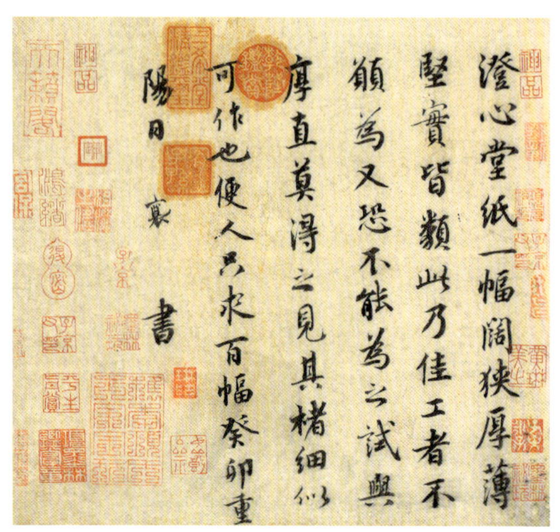
澄心堂紙一幅闊狹厚薄堅實皆類此乃佳工者不願為又恐不能為之試與厚直莫得之見其楮細似可作也便人只求百幅癸卯重陽日襄書

图1　宋　蔡襄　澄心堂纸帖　台北故宫博物院藏

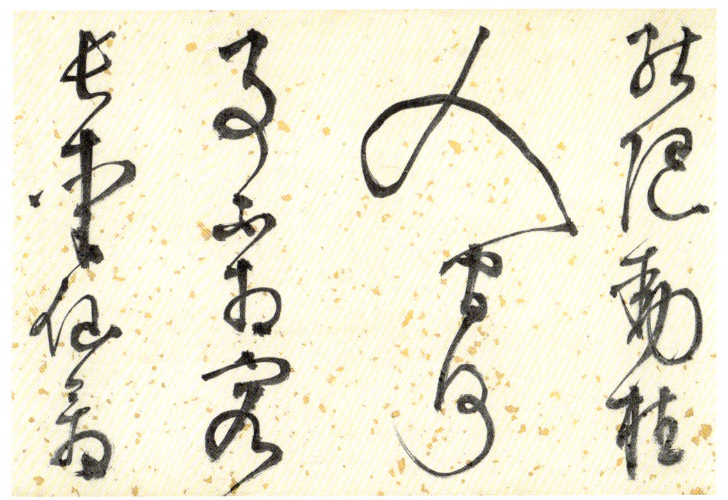

图2　明　李东阳　自书诗帖（局部）　台北故宫博物院藏

漫堆闲屋任尘土，七十年来人不知。”并赞此纸：“滑如春冰密如茧，把玩惊喜心徘徊。”到了北宋时期，澄心堂纸渐为世人看重，成为珍贵难求的名纸。北宋大书家蔡襄曾托人搜寻澄心堂纸，并高价请工匠依样制作百幅，见蔡襄书《澄心堂纸帖》（图1）：“澄心堂纸一幅，阔狭厚薄坚实皆类此乃佳。工者不愿为，又恐不能为之。试与厚直莫得之，见其楮细，似可作也。便人只求百幅。癸卯重阳日，襄书。”

源于唐代金花纸，后来发展为洒金笺与洒银笺，是在五色粉蜡笺上用胶施以金银细粉或金银箔，使蜡笺呈现金银光泽。如明代宰相兼文坛领袖李东阳的《自书诗帖》（图2），笺上不规则的洒金箔与抑扬顿挫的草书笔画相得益彰，也使得浓淡枯润的墨色更为古淡清幽。

宋代的文人们对于纸张的使用极为讲究，如文人常用的砑花笺纸，是先经染色再砑花而成的高级书法用纸。砑花是利用雕版在纸上压出凹凸纹饰，形成暗花之纸笺。据文献记载，砑花笺可溯至五代，但传世之砑花笺纸则以北宋为最早。砑花笺纸又称砑光小本，北宋书画家陶谷曾谓："砑纸板乃沉香，刻山水、林木、折枝花果、狮凤、虫鱼、寿星、八仙、钟鼎文，幅幅不同，文镂奇细，号砑光小本。"砑花板的材质为沉香木，砑花笺

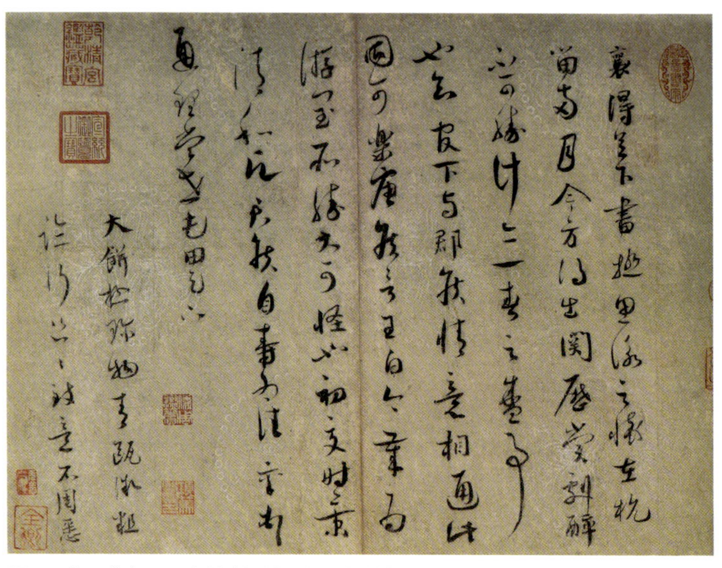

图3　宋　蔡襄　思咏帖（蝴蝶纹样砑花笺）　台北故宫博物院藏

图4 宋 苏轼
致至孝廷平郭君尺牍
（局部 龟甲纹砑花笺）
台北故宫博物院藏

的花纹图案包罗万象，瓜瓞、燕雀、鱼龙甚至钟鼎文，全依文人喜好而制，如宋代四大书家之一的蔡襄用蝴蝶纹样砑花笺书《思咏帖》（图3），花笺上饰有对飞的圆形蝴蝶纹样，蝴蝶纹外加饰一圈珍珠纹。此类蝴蝶纹饰也出现在宋代瓷器与服饰上，有吉祥寓意的成对圆形蝴蝶与行云流水般的书法相互辉映。大文豪苏轼的《致至孝廷平郭君尺牍》（图4）则是用满布规矩整齐龟甲纹的砑花笺，每个六角形图案中皆卧有一只小乌龟。该尺牍的收信人郭廷平正处于守丧期间，由于古代龟形墓志铭上亦饰有龟甲纹，所以，苏轼特地选用龟甲纹砑花笺书写以符合礼节。此外还有模仿纺织品花纹设计的砑花笺,如宋徽宗《池塘秋晚》（图5），采用织品中常见的卷草纹图案布满整张纸，纹饰上涂有云母状发光物质，印压出类似织品的横斜纹路。这幅卷草罗纹砑花笺是宋代纸笺制作的优秀代表。砑花笺纸多为书写用，作画则相当罕见，此卷于卷草罗纹砑花笺上描绘花鸟，花笺与花鸟画相互呼应，显得分外优雅。

图5　宋　赵佶　池塘秋晚（局部　卷草罗纹砑花笺）台北故宫博物院藏

现代造纸工艺发达，纸笺花样繁多，空闲时不妨找些喜欢的花笺写写画画，调剂一下忙碌的步调，让生活多一些雅趣！

墨丸入砚 细无声

书圣王羲之曾经说过，书写绘画时，纸张像是阵地，毛笔像是刀枪，墨像是兵甲，砚台像是城池，而书画创作者的想法与心意就像是统摄全局的将军。这样的比喻不仅说明了纸、笔、墨、砚的功能，更呈现出中国古代文人写字作画的鲜活生命力。对于中国古代文人而言，笔、墨、纸、砚是书房中必备之物，像珍宝般不可或缺，所以自南北朝时期开始，这四件文书工具即被称为文房四宝。

大约在新石器时代，中国人就已经知道用墨色来作美术装饰，譬如陶器上的花纹与甲骨文上的文字即是。当时所用者可能是天然石墨一类与墨相近的碳化合物。真正以人工制造而成的墨出现于周代，有一位名唤邢夷的人将松炭捣碎成灰，再和以粥饭之类物质，搓为墨块，制出中国最早的人工墨。到了汉代，政府已有专门管理纸、墨、笔的人员，当时官员每人每月可领到大、小墨各一枚，可见汉代的墨已能大量生产。这时候的墨是松烟墨，用燃烧松木而得之烟灰制成，墨的单位为丸或枚。河北望都一处东汉墓室中的壁画上，描绘一“主计史”跪坐于榻，榻前置一圆砚，砚上立一椭圆形墨，汉代官员使用的墨丸清楚呈现眼前。

魏晋时期发明用胶配制的墨，胶能让碳分子结合，使墨能永远附着于纸上。墨中加的胶多以鹿角、牛皮或鱼胶制成。到了唐代，制墨技术更加进步，会于墨中加上辰砂以提高墨的浓度；加石榴皮或胆矾以防腐并增加光泽的持久性；加麝香、樟脑与薄荷等香料用以去除动物胶的气味。

由汉至隋唐时期，陕西、河北、山西等地之松林大都用来烧烟制墨。唐末五代战乱频仍，北方优质松木资源几已消耗殆尽。唐末制墨大师奚超由河北迁居安徽，歙州一带群山环绕，盛产上品松木。奚超父子就地取材，制成丰肌腻理、光泽如漆的奚墨，被南唐后主李煜视为珍宝。从此，古徽州逐渐成为新的制墨中心。

宋代开始了油烟墨的制作，油烟墨是用燃烧桐油集得之烟灰制成。此时制墨名工辈出，墨的质量精良，墨磨完不留滓，墨香持久不衰，甚至有人因墨中含有麝香、珍珠粉等药料，而把墨汁喝下肚来养生。明清时期之墨造型多变，方、圆、长、弧各种形状应有尽有。除了墨上雕有各样图案外，墨的颜色也多加变化，除传统的黑墨之外，更产出红、橙、黄、绿、蓝、白、褐等十余色墨。彩墨在清代发展至巅峰，其中有集锦彩墨一类，墨色绚丽，造型变化多端，辅之以精美包装，成为清宫御制墨代表。清宫御制彩墨选料相当精细，据内务府《墨作则例》记载，制作朱墨之材料需要朱砂一斤、广胶六两、冰片三钱、飞金十张、棉子一钱、白布二尺、炭十斤、煤五十斤。如此制成的朱墨却仅得十九锭，每锭重五钱三分，可见成本之昂贵。乾隆皇帝喜好集锦彩墨，留下不少精彩的套装集锦彩墨，例如清代乾隆帝月令七十二候诗集锦彩墨（图 1），总计七十二枚墨锭，每锭对应一个物候，形状

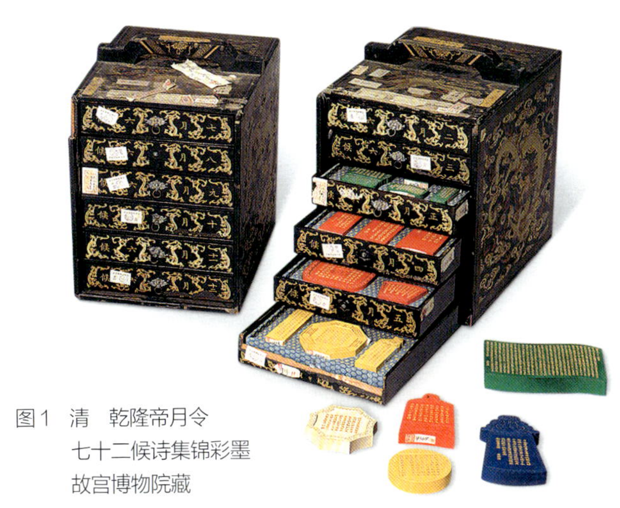

图1　清　乾隆帝月令七十二候诗集锦彩墨
故宫博物院藏

图2　明　蓬岛仙壶歙砚
台北故宫博物院藏

大小各不相同。一面为乾隆帝御制诗，一面为物候图画。每月之墨按五行赋色：正、二月属木，为绿色；四、五月属火，为红色；七、八月属金，为白色；十、十一月属水，为蓝色；三、六、九、十二月属土，为黄色。每月六枚装为一匣，六匣装为一匣。如此细致精巧、琳琅满目的集锦彩墨，真是让人爱不释手！

砚台，根据记载于黄帝时已出现，但现存最早的砚台则是在秦代遗址中发现的。自古以来，砚台的材料主要是石头，但并非一般寻常的石头都可做成砚台，能作为砚台之石材必须容易磨墨及发墨才行。历来著名的砚石如广东端砚、安徽歙砚与甘肃洮河砚均具此特性。端溪石以深紫色为主，石质细腻温润，极易发墨；歙石以灰黑色为主，石质坚润，石之纹理丰富美观（图2）；洮河石以碧绿色为主，温润如玉。然洮河石藏于大河深水之底，采集困难，较端砚、歙砚更为难得。另有在黄河沿岸以澄泥之法所制之陶砚，称为澄泥砚（图 3），使用经过澄洗的细泥作为原料，再加工烧制而成，因此其质地细腻，并具有贮水不涸、历寒不冰、滋润胜水、发墨不损毫等特点，因此与端砚、歙砚、洮河砚并列为中国四大名砚。此外，产于长白山区江河之畔的松花石以绿色为主，石质坚润，自明代开始制为砚石，至清代已成为御用之品，其刷丝纹理极为清雅优美，故常立裁其石制成佳砚（图 4）。

宋代大文豪苏轼曾谓："砚之美，止于滑而发墨，其他皆余事也。"好的砚台最重要的条件是易磨且发墨，南宋爱国诗人陆游深明此理，因而有诗云："香缕映窗凝不散，墨丸入砚细无声。"

图 3　清　青铜钟式嵌澄泥砚
台北故宫博物院藏

图 4　清　山水纹松花石砚
台北故宫博物院藏

篆刻金石方寸美

中国的印章是书法与雕刻结合而成的艺术，私人印章为个人身份信用的代表，政府机关的玺印则代表官职、权力与法令的公信力。

印章起源于原始社会中的实用记号，用记号来标志物品的归属权，其后人际交往渐增，私有制社会逐渐形成，印章的功能遂延伸为相互取信的凭证。中国最早的印章实物是出土于河南安阳的三方商代铜印，印文近似甲骨文和金文，如亚禽玺（图 1）可能是某部族的族徽，但当时不叫印章，而称为鉨。商代鉨印大都很小，尺寸不一定，印材以铜为主，也有以陶土或玉石等材料制成者。

秦始皇帝统一天下后，随着度量衡制度之建立，印章也开始有了一套规定。天子之印章称为玺，印材为玉。其余人士所用则只能称为印或章，不得用玉，大多为铜铸；平民百姓所用称为私印。以后各朝代皆遵循秦代所建立之印章制度。早期的铜铸官印如东汉程柱国印（图 2），印背上伏有一龟，称为龟纽。纽是为便于持拿而设计，除龟纽外，也有做成各种姿态的其他兽纽。此印纽之龟甲起伏明显，龟背线纹细密。印面正方，印文为篆书，自印面右上方起逆读印文为“程柱国印”四字，布局结字方整稳妥。以阴刻法将笔画刻为凹入印面之线条，钤盖时印泥沾不到笔画内，故盖出之印文，地红字白，称为白文印。如果印文是阳刻，

图1 商 亚禽玺
台北故宫博物院藏

图2 东汉 程柱国印（龟纽）
台北故宫博物院藏

图3 清 雍正御笔之宝 寿山石朱文印
故宫博物院藏

即是将文字以外的印面凿低，使笔画凸出，如此钤盖的印文是白地红字，即称朱文印（图3）。

在纸张发明以前，书写文书或信件多用竹木简牍。信件写好后，用一木板遮住文字内容盖于简牍上，此木板称为检，类似于现在的信封。检上书写收件人姓名地址，称为署。再用绳索将简牍与检一起捆绑打结，称为缄。为了保密并防止非收件者拆封，检之上除了刻有便于捆绳的深沟外，另凿一方孔，孔内塞入绳结并用泥块封紧，再以印章钤压泥上以为凭信，这种钤有印文的泥块称为封泥。在两晋时期以前，印章多为阴刻的白文印，因为白文印压在泥块上，印章凹入的笔画就变成凸起的文字，非常容易

图 4　西汉　轪侯家丞铜印与封泥
湖南博物院藏

辨识，例如马王堆西汉墓葬出土的轪侯家丞铜印与封泥（图 4）即为范例。封泥的使用时期自战国以至汉魏，两晋之后纸张盛行，逐渐取代简牍，封泥也随之销声匿迹。

到了唐代，印章又有新的发展，除了作为凭信外，印章的镌刻与造型开始创意更新，朝着艺术欣赏方向变化。于是，印章如同书法绘画一般，成为中国一门独特的艺术形式，刻印开始讲究印材的选择、印文的内容与笔画之布局。

元代开始流行用石材刻印，各式各样温润如玉的美丽石材被用来制作印章，印章的外貌因而变得多彩多姿，黄、红、绿、灰……各色美不胜收，文人更依石材的颜色命名，如芙蓉黄、艾叶绿、玛瑙红、鸡血、田黄和水晶冻等雅名。印文内容除了镌刻官衔与姓名外，凡以斋名、别号，乃至诗文成语入印者，皆称为闲章。文人雅士常于诗文书画上钤盖闲章，借以抒发心情、展现胸襟。如清代乾隆皇帝御用的乾隆玉石闲章套印（图 5），十六方印装于木匣内，计有碧玉虎纽“宝亲王宝”“长春居士”连珠文印，白玉螭纽“掬水月在手”长方印，紫晶螭纽“乐善堂”椭圆印，青金石“大块假我以文章”方印与红玛瑙螭纽“半榻琴书”方印等闲章。此为弘历被雍正封为宝亲王后所刻之套印，是不同

图 5　清　乾隆玉石闲章套印
故宫博物院藏

色泽与材质的玉石，镌刻斋名、成语及诗文之成套印章，为雍容之皇室风格增添斯文秀雅之气。

总体而言，宋代以前的印章以实用为主；宋元以后，文人雅士为表现个人独有的审美情趣，开始自行设计，甚至亲自镌刻印章钤盖于书画、信札及图书之上，印章自此由实用转化为集书法、绘画、雕刻与印材于一体的艺术形式，明代以后更发展出各种篆刻艺术之流派。

印章虽仅方寸大小，但在小小印面之上，名家们运用篆、隶、草、行、楷不同书体治印，将印文之刀法、笔画与布局加以变化，呈现出风格各异的印文面貌。方寸之间，不仅展现技艺、发挥创意，更能抒发情感，让中国治印这门金石篆刻艺术散发出独特的魅力与光芒。

第六章

乐

山水之乐 得于心

中国人游山玩水是怀着寻幽访胜的心情，去欣赏大自然的美景，享受远离尘嚣的快乐。在中国古代士人的心目中，山水不仅仅是眼中所见之美景，更代表了一种人生态度。早在春秋时代，儒家即从自然山水之欣赏，引申到理想人格的赞美。孔子提出“仁者乐山，智者乐水”的观念，认为智者与仁者的品德情操和自然山水的特征及规律性相近，因而产生乐水乐山之情。道家崇尚见素抱朴，法天贵真，故庄子有“朴素而天下莫能与之争美”之语，认为人工斧凿的庙堂城市无法与山水林木的天工自然相媲美。到了魏晋南北朝时期，以自然山水风貌为主要描写对象的山水诗出现，东晋到南朝宋时期的诗人谢灵运首开风气之先，以山水景物入诗，仰观俯察，铺叙详尽，以景启情，如《登池上楼》诗：“池塘生春草，园柳变鸣禽。祁祁伤豳歌，萋萋感楚吟。索居易永久，离群难处心。持操岂独古，无闷征在心。”诗人由庭园池塘中繁生之春草，柳枝上刚迁徙来的鸟儿鸣叫，想到令人伤悲感慨的豳诗楚吟，离群索居的隐居生活虽然难挨，但归隐的隐士可以做到不为世俗易其志。谢灵运以景写情，以生趣盎然的江南春景衬托内心的抑郁，将山水景物与感情际遇结合，开创出韵味独特的中国山水诗。再如谢朓“风摇草色,月照松光。春秋非我,晚夜何长”,陶渊明“采菊东篱下，悠然见南山。山气日夕佳，飞鸟相与还。此中有真意，欲辩已忘言”，以及王维“空山不见人，但闻人语响。返景入深林，复照青苔上”。晋唐与后继之山水田园诗作中，情景交融，由山水自然情趣悟得逍遥自足之乐与素朴无言之美。

山水诗中的幽独情怀与静寂氛围在绘画中逐渐得以体现。中国山水画历经南北朝与隋唐时期之发展，逐渐成为中国传统绘画的主流。在“道法自然”“外师造化，中得心源”等绘画思想的引领下，中国山水画不只限于画面重现自然，更进一步呈现山水形象与画家内在精神意趣之交融。在明代吴门画派画家沈周的《策杖图》(图 1)中,一人戴笠着屐拄杖踽踽独行,虽然独行无伴,但安居于恬静泉石之间，一路吟诗徐行，却是怡然自得。画上简淡的水墨山水人物呼应了沈周的自题诗：“山静似太古，人情亦淡如。逍遥遗世虑，泉石是安居。云白媚崖容，风清�木虚。笠

图1 明 沈周 策杖图 台北故宫博物院藏

图2　宋　马远　松间吟月图　台北故宫博物院藏

屐不限我，所适随丘墟。独行固无伴，微吟韵徐徐。”

宋代大儒朱熹尤爱山水，自述“每经行处，闻有佳山水，虽迂途数十里，必往游焉。携樽酒，一古银杯，大几容半升，时引一杯，登览竟日，未尝厌倦”。正如宋代画家马远《松间吟月图》（图2）中之文士，携樽酒银杯，登览竟日后，于空山松

图3 宋 马麟 静听松风图 台北故宫博物院藏

下坐观明月，心中或许暗诵唐代诗仙李白《把酒问月》名句:“今人不见古时月，今月曾经照古人。古人今人若流水，共看明月皆如此。”抚古思今，神思飞奔。

古人放意林泉，流连山水，不仅眼中美景无限，耳中也充满种种自然音符。宋代画家马麟在《静听松风图》(图3)中，将大自然的乐声表现得淋漓尽致。文士斜倚松干，双眼半合，侧耳静听松风，潺潺流水叮咚有声，微风吹过树梢，藤蔓、鬓须与飘带随风飘扬，藤蔓相互拍击，引得松枝沙沙作响，阵阵松涛传入耳中，不需用眼观看，仅是闭目聆听，就已美不胜收，让人完全陶醉于自然乐声之中。

北宋大文学家苏轼被贬谪至湖北黄冈后，曾于深秋畅游赤壁，写下了脍炙人口的《前赤壁赋》，其中几句话特别发人深省：“且夫天地之间，物各有主，苟非吾之所有，虽一毫而莫取。惟江上之清风，与山间之明月，耳得之而为声，目遇之而成色，取之无禁，用之不竭，是造物者之无尽藏也！”金代武元直之《赤壁图》(图4)即描绘东坡先生游赤壁面对壮阔山川时，感谢造物者赐予的大自然无尽宝藏，因而有“取之无禁，用之不竭”之慨。古人面对大自然美景，是用眼去看，用耳去听，细细欣赏领略，山水之乐得之于心，而非将花树佳石取走据为己有，唯有如此，大自然的宝藏才能享用不尽，永不枯竭。古人对大自然美景所怀抱的无私胸

图4　金　武元直　赤壁图（局部）台北故宫博物院藏

襟，是现代人学习效仿的榜样。

有诗曰："仁者乐山山如画，智者乐水水无涯。从从容容一杯酒，平平淡淡一杯茶。细雨朦胧小石桥，春风荡漾小竹筏。夜无明月花独舞，腹有诗书气自华。"徜徉于如画的山水中，不仅可以体悟到花独舞、气自华的淡定从容，更能启迪豁达泰然的人生观，有仁心有智慧才能真正享受山水之乐。人类应将大自然当成好友，如果毫不珍惜，随手破坏污染，就是伤害了好朋友，美丽的大自然将毁之于无形，优游山水之乐亦将永不复返！

凤管瑶琴 乐悠扬

提起中国古代音乐，就会想起丝竹悠扬的民乐，这些音乐是经过几千年的演变而成，乐器多、乐音复杂，有时婉转动人，有时慷慨激昂，与西方交响乐有着截然不同的韵味。

中国现存最早的乐器是在河南出土的，距今约九千年前的贾湖骨笛。出土的二十五支笛子上，各开有五至八孔不等，是全世界年代最早、保存最完整且能演奏的乐器。距今约七千年前，中国各地区已开始出现骨哨与原始陶埙等乐器。在远古音乐文化中，音乐和歌舞相结合而成为氏族图腾崇拜的原始乐舞，之后有了伏羲与神农作琴瑟、黄帝制笙竽等传说。到了唐尧虞舜时期，设置了专门管理音乐与教育的官员。那个时代不但有乐曲创作，还发展出用金、石、丝、竹、匏、土、革、木等材料制作之八音乐器。

图1 战国 宴乐渔猎攻战纹壶 故宫博物院藏

夏商时期，乐舞逐渐脱离了原始的图腾崇拜，转为对人的颂歌。商代崇信鬼神，出现专司祭祀求神问卜的巫（即女巫）与觋（即男巫），在祭祀仪式中舞蹈歌唱，巫觋可以说是最早的音乐职人。

到了周代，为维持社会秩序并巩固王朝统治而制定了礼乐制度，严格规定社会各阶级所用的音乐。周公制礼作乐是当时治国要事，除了建立比较专业的音乐机构外，政府还实施全民音乐教育。当时的乐器中，最具代表性的是鼓、编钟与编磬。由出土的周代乐器和器物上的描绘，大致可以推测三代的音乐风格简朴、庄严而肃穆。由战国时期宴乐渔猎攻战纹壶上的纹饰可一窥当时的宴乐场面（图 1）。铜壶上腹部左面为宴饮与奏乐的场面，上排为宴饮画面，七人立于亭榭上，以勺打酒饮酒，榭栏下有二圆鼎，二奴仆正从事炊事操作；宴饮之下排为奏乐场面，悬挂钟磬的簨簴下，三人敲钟，一人击磬，旁立建鼓和錞于，一人持二桴（鼓槌），敲击着鼓与錞于，中央一人吹奏着类似号角之乐器。雄浑的钟声、清越的磬声加上鼓錞相和的节奏，生动地呈现出当时诸侯王廷宴乐演奏的情景。

秦汉时期继承了周代收集民歌以观察风俗民情的采风制度，由乐工搜集整理各地民歌并进行演奏，演唱的歌词被称为乐府。乐器中的古琴技巧渐趋成熟，魏晋时期大量文人琴家如嵇康与阮籍等相继出现，留给后世脍炙人口的《广陵散》《酒狂》等古琴名曲。

汉代通西域后，西域羌胡等外族音乐传入中原。到了隋唐时期，天竺、龟兹、西凉和高丽等地之音乐与乐器盛行，胡乐随处可闻。隋文帝统一天下后，社会安定，经济繁荣，促成南北、胡汉、雅俗、宗教与世俗各种音乐大融合的蓬勃景象。文帝非常重视音乐，将当时盛行之各族音乐制定为七部乐；至隋炀帝时，再扩增为九部乐，即清乐（汉族传统音乐）、西凉乐（甘肃西部音乐）、龟兹乐（新疆库车音乐）、天竺乐（印度音乐）、康国乐（撒马尔罕音乐）、疏勒乐（新疆喀什音乐）、安国乐（乌兹别克布哈拉音乐）、高丽乐（高句丽音乐）与礼毕曲（南朝乐府歌舞音乐）；唐太宗时再加上高昌乐（新疆吐鲁番音乐），成为十部乐。

唐玄宗时期将胡乐与传统汉族音乐混合编写为歌谣舞蹈，完成歌、舞、乐三位一体的新形式，中国音乐发展至此达到巅峰。当时宫廷的音乐称为燕乐，由坐部伎与立部伎组成，加入舞者即为宫廷乐舞团。由唐代乐舞俑（图 2）可以了解当时宫廷乐舞的情况，此组乐舞俑共八人，乐俑六人，三坐三立。坐部伎三人一持腰鼓，一持钹，中间一人之乐器已失落；立部伎三人分别持曲

图2　唐　乐舞俑　故宫博物院藏

图3　唐　唐人宫乐图（局部　横抱琵琶）台北故宫博物院藏

颈琵琶、排箫和笙；舞俑二人头微侧，做翩翩起舞之姿，双臂上举下伸，腿微曲，足侧伸，姿态婀娜。如配上唐代诗人白居易《琵琶行》“大弦嘈嘈如急雨，小弦切切如私语。嘈嘈切切错杂弹，大珠小珠落玉盘”诗句，精彩的燕乐舞蹈宛如在耳边眼前。

中国有五十多个民族，每个民族都有自己独特风格的音乐与乐器，有充满活力的鼓吹与打击乐器，有秀丽委婉的弹拨与拉弦乐器，有轻快悠扬的管乐器，其中弹拨乐器琵琶是南北朝时期由西域传入中原的。到了唐代，琵琶已风靡全国，在当时的宫廷雅乐与民间民乐中，琵琶都是不可或缺的领奏乐器。而琵琶的演奏姿势与技巧逐渐变化，从最初横抱琵琶用拨子拨弦（图3），逐

图4　明　仇英　汉宫春晓图（局部　竖抱琵琶）台北故宫博物院藏

渐发展为竖抱琵琶以指弹奏（图 4），演奏的场域也由最初的马上之乐转变为雅俗共赏的厅堂之乐。到了宋代，竖抱指弹琵琶之奏法确立，遂一直沿用至今。琵琶弹奏姿势、技巧与场所的演变是文化交流与融合的例证。

宋元以后的音乐受到戏曲与说唱艺术影响，戏曲音乐大为流行，出现专为百戏、杂剧或歌舞戏伴奏的乐团，称为杂技乐。乐器有笙、箫、笛、鼓、琵琶、排箫、拍板与细腰鼓等。明清时期说唱音乐开始多元发展，如南方的弹词与北方的鼓词，配合明清以后地方戏曲的发展，丝弦乐器快速崛起，成为中国民族乐器中的主要旋律乐器。

中国音乐的发展由商、周、秦、汉时期的传统钟鼓宴乐，至魏晋、隋、唐时期融合外来音乐趋于国际化的十部乐，到宋、元、明、清随着戏文诗词发展之戏曲说唱音乐，音乐逐渐伴随着文学而演变，讲究人文情怀、写意与虚实意境，正如白居易《琵琶行》中“弦弦掩抑声声思，似诉平生不得志。低眉信手续续弹，说尽心中无限事”。在诗句与音符间驰骋想象的中国音乐，让人悠然神往！

杂技百戏 娱宾客

古代中国人的生活中，观赏杂技百戏是主要的娱乐活动之一，除了专业演出场所外，一般中上家庭的宴会中，也常出现杂技百戏表演以娱乐宾客。

在远古时代的中国，人们在采集、渔猎和战斗中，培养出奔走、跳跃、投掷和搏斗等技能。工作之余，这些技能逐渐转化为娱乐形式的杂技。杂是指多样，技指技艺，杂技就是各种各样的技艺，如综合摔跤、擒拿和拳术搏斗的角抵，丢掷球、刀、剑的弄丸和飞剑，比力气与巧劲的举鼎和舞轮，攀缘登高的缘竿和叠案等。

到了汉代，杂技发展已多元化，成为非常受欢迎的娱乐项目，不仅王公贵族争相欣赏，民间大街小巷也都有这些表演。于是，综合各种杂技与歌舞、竞技、武术、幻术以及滑稽表演等的演出活动就统称为百戏。据记载，汉武帝时期，曾在长安未央宫举办盛大的百戏表演，京城周围三百里内的民众皆来观赏。由此可知，百戏在汉代风靡朝野的盛况。

在留存的文物中，我们发现大量的百戏绘画、砖雕、石刻与陶塑，其中相当具代表性的即是西汉墓中出土的彩绘杂技乐舞陶俑（图 1）。在长形陶盘上，二十一位彩绘陶俑正在表演与观赏杂技百戏：中央七名为表演者，后方七人为乐队，两侧共七名观赏者。四名男性艺人头戴尖顶褐色小帽，身穿紧身短衣正在演出杂技，前二人双手撑地，举足倒立；后二人，一人向

图1 西汉 彩绘杂技乐舞陶俑 济南市博物馆藏

图2　西汉　彩绘杂技乐舞陶俑（倒立）　济南市博物馆藏

后弯腰，另一人双腿反弓过肩，胸部着地，双手扶脚，类似现代杂技高难度的柔术动作叼花（图2）。杂技表演者旁有二位头绾垂髻的年轻女子，身着一红一白长袖花衫，正挥舞长袖翩翩地跳着汉代流行的长袖舞。表演者后方一排伴奏的乐队，或坐或立，正在演奏着笙、鼓、瑟、编磬等乐器。一男士身穿窄袖朱色长袍，立于表演队伍前面，似乎在大声诵咏或是引吭高歌，生动地呈现出西汉宴饮的热闹场景。

汉代百戏中经常出现的有叠案、上竿、舞轮、飞剑、跳丸、倒立与长袖舞等表演。叠案源自中亚地区，是将多张桌子叠在一起，表演者爬到最顶端的桌子上表演各种杂技。汉代文物中有四桌、六桌乃至十二桌相叠表演者。上竿又称寻橦，是在直竿上架一横木成丁字形，艺人于横木两端表演倒挂翻滚等动作。直竿有时会置于马车上，或是由另一表演者以肩膀或额头顶着表演。这种在行进间的动态表演，十分惊险。舞轮是用双手来回地将车轮凌空抛出，表演者不仅要有过人的臂力，更须展现灵活的手法与变化多端的姿势。技艺超群的舞轮者可以立于踏鼓上将车轮抛于空中耍弄。飞剑则需动作稳而准，如稍一疏忽，则后果堪虞。跳丸又称弄丸，是两手连续抛接丸铃。春秋战国时期有善弄九丸者，将八丸抛空中，一丸在手。最高纪录是跳十二丸者，其技艺之高超可以想见。长袖舞曾风行于战国时期楚国宫廷，汉代承袭袅袅长袖，细腰欲折的楚舞成为乐舞中最流行的舞蹈。相传汉高祖刘邦的戚夫人善“翘袖折腰之舞”，即当时流行的长袖舞。汉代文物中的长袖舞形象丰富多彩，袖式繁多，长袖或飞扬，或卷绕，或垂拂，或翘起，舞姿各异，有温柔婉约之姿，也有雄健昂扬之态。除挥舞长袖外，也有手持长巾舞动者，由“振飞縠以长舞袖，袅细腰以务抑扬”“振朱屣于盘樽，奋长袖之飒纚”等诗句可以想象长袖舞千变万化的风貌。长袖舞在中国流传的时间极长，直到今日仍活跃于舞台，如凌空飘逸、婉转曲折的彩带舞，其前身即战国以来流行的长袖舞。

在文献记载与文物中，还可见到吞刀、吐火、履索、冲狭（钻刀圈）与马术等诸多项目。东汉张衡《西京赋》中描述“乌获扛鼎，都卢寻橦。冲狭燕濯，胸突铦锋。跳丸剑之挥霍，走索上而相逢”，“巨兽百寻是为蔓延……含利飏飏化为仙车”，“吞刀吐火，云雾杳冥”，汉代杂技百戏的热闹盛况如在眼前。

南北朝时期，发展出结合俳优、民间乐舞和杂技的散乐百戏。唐代开始设置教坊，负责管理宫廷中雅乐以外的音乐、舞蹈、百戏的教习、演出等事务。到了宋代每逢节日会举行歌舞百戏盛会，不过百戏中的民间杂技逐渐分化为个别表演，如清院本《清明上河图》中开封大街上的走索绳卖艺者（图3），身着蓝衫的女艺人手持平衡杆缓步于绳索上，绳下数十人仰首观望，观众紧

图3　清院本　清明上河图（局部　走索艺人）台北故宫博物院藏

图4 清院本 清明上河图（局部 耍铙钹艺人） 台北故宫博物院藏

张的表情益发凸显出卖艺者的从容不迫，正所谓“艺高人胆大”。更有耍弄铙钹的艺人（图4），只见他将两片铙钹轮流掷于空中，一片已下降，另一片则蹿于树顶之上，围观的群众莫不翘首以盼铙钹坠落，而空中二钹上之红带飘飘，煞是好看。到了明清时期，在厅堂宴客之杂技娱乐益发简化，如明代画家戴进在《太平乐事》册中之描绘（图5），两名大汉正在进行耍大缸的表演，但主人

图5 明 戴进 太平乐事册之戏耍 台北故宫博物院藏

却是殷勤劝酒，客人拱手回礼，似乎对大汉的卖力演出没太注意，汉代以来宴会中乐舞杂技以娱宾客的热闹盛况已不复见。

杂技百戏盛行于汉代，到宋元以后，随着戏曲的兴起，百戏逐渐没落，那种热闹惊险、百戏杂陈的宴乐景象，目前只能在文物或马戏团的表演中回味了！

杂剧南戏育京昆

中国戏曲可以说是世界上独一无二的一种表演艺术，它综合了音乐、舞蹈、杂技、武术、美术与文学等元素，运用音乐化的对话与舞蹈化的动作搬演故事，形成集唱、念、做、打于一体，独具一格的戏剧形式。

中国戏曲的起源可远溯至原始社会时期的歌舞。到了先秦时期，出现了以口才机敏便捷、善于模仿且诙谐滑稽的优伶，以表演来侍奉王公贵族。汉代宴会中出现以歌舞、杂技、武术与魔术等娱乐宾客的百戏以及由角抵竞技衍化为故事性戏剧表演的角抵戏。南北朝时期发展出歌舞与表演相结合的歌舞戏以及类似滑稽表演的参军戏。唐代将参军戏、歌舞戏与通俗说唱形式的俗讲、变文逐渐熔为一炉，演出剧情渐趋复杂，角色增多并加上科白。

宋代出现了专业娱乐场所，称为瓦舍与勾栏，举凡曲艺、歌舞、说唱、讲史、武术、滑稽戏、影戏、傀儡戏等表演应有尽有，尤其是在勾栏中演出的说唱诸宫调，由于音乐格律严谨、故事情节生动、叙述兼代言，逐渐发展出中国戏曲之前身宋杂剧与金院本。到了南

图1　宋　佚名　杂剧　眼药酸图册页　故宫博物院藏

宋与元代，中国戏曲最早的成熟形式——宋元南戏终于出现。

中国戏曲的渊源可大分为二：一是俳优，二是歌舞百戏。俳优以诙谐嘲弄逗人笑乐为主，歌舞百戏则以歌唱、舞蹈与杂技等为主。宋代糅合俳优与歌舞百戏而发展出宋杂剧，演出通常有两位主要演员，演出形式先由说唱杂耍上场，最后表演正戏。宋代一般用“酸”来讽刺迂腐儒生，所以，宋杂剧中有不少剧目带有酸字，称为酸本。剧情多是嘲弄迂腐穷酸的读书人，如“别离酸”“还魂酸”“哭贫酸”“急慢酸”和“眼药酸”等。如杂剧《眼药酸》(图 1) 中的两个角色，左方一人头戴极为夸张的高儒巾，身穿长袍，前后挂满绘有眼睛的幌子，像是改行当江湖眼科郎中的失意儒生，他正在兜售手中的眼药;右方一人穿着市井打扮的短搭，左手执杖负于肩上，右手臂上饰有刺青，右手指着眼睛，正在诉说病情，腰后插一扇，上书“诨”字，表明杂剧人物角色。由逗趣的装束与表情可以想象两位演员在舞台上装傻充愣、贫嘴嚼舌，就为博观众一笑。

另一出杂剧《打花鼓》(图 2) 由两位女演员演出，左边一位头戴杂剧人之头巾，称为诨裹，另有斗笠与缠绳棍置于地上，表明其身份为乡下村民；右边一位头戴杂剧人常戴的簪花幞头，腰后插一扇，上书“末色”二字，点明其角色行当。身侧置一架单皮鼓，鼓面上置鼓箭与拍板。两人做男式合手作揖之礼。剧情或许是乡下人进城而闹出的种种笑话，这种题材到了元代仍极受欢

图2　宋　佚名　杂剧　打花鼓图册页　故宫博物院藏

迎。元杂剧《庄家不识勾栏》叙述的就是庄稼汉初次进城看戏的有趣场面。杂剧发展至南宋，题材内容愈加丰富多样，如历史传说、神怪故事、爱情故事、世俗故事等，虽已有较为完整的故事情节，但大多仍呈现讥讽调笑与插科打诨的表演风格。

宋元时期出现专门为瓦舍勾栏编写戏曲话本的组织，称为书会，不少文人也加入剧本编写行列，以词曲与里巷歌谣配合。到了元代，专业编写剧本蔚为风气，成功孕育出元杂剧。元杂剧除了滑稽诙谐的内容外，更搬演许多刻画社会人情、民间疾苦的故事，极受观众喜爱，戏剧作家、剧作与演员辈出。在留存至今的戏台和演员画像中充分反映出元杂剧普及的现象。例如山西洪洞县水神庙壁画所描绘者，即当时著名的忠都秀剧团在酬谢水神降雨戏演出结束后的情景。画幅上方悬一横额，上书“大行散乐忠都秀在此作场”。散乐原指周代民间乐舞，南北朝时期成为百戏的同义语，宋元以后则指民间艺人或专业民间剧团。壁画中横幅之意为太行山地区杂剧艺人忠都秀在这里演出。舞台后方悬有帷幕，上绘云龙与挥剑壮士，大约是周处除三害的故事。幕前站立十名谢幕的男女演员（图 3)，前排为主要演员：中央红袍官生是领衔主演的著名女演员忠都秀，两旁有画花脸的、戴髯口的和俊扮的男演员，他们的服饰装扮与现在的戏曲相去不远；后排则是配角演员与执拍板、执击杖与吹笛的乐队人员，帷幕左方还有一女子正掀幕往外窥视。

南宋时期，在浙江温州地区出现一种在杂剧中加上地方歌谣小曲、声腔温婉抒情的民间戏曲，称为南戏。演出形式较杂剧自由许多，生、旦、净、末、丑等角色行当已发展成熟。到了明清时期，诸多地区各自发展出具有其地方特色的戏曲。明代中叶，江苏昆山一带流行的昆腔经过文人改良成为昆曲。由于唱腔婉转、唱词典雅，昆曲渐渐风行于大江南北，至清代康熙、乾隆年间到达巅峰。

图3　元　山西洪洞县水神庙壁画
大行散乐忠都秀在此作场（演员谢幕）

在康熙皇帝六十大寿时，承应祝寿演出者皆为民间戏班，所唱基本为昆腔和弋阳腔。清代中叶，各种地方戏曲剧种日益繁盛，如以唱二黄调为主的徽剧和以唱西皮调为主的汉剧。乾隆晚期扬州三庆徽班进京，道光年间汉调进京，于是湖北西皮调与安徽二黄调合流而成皮黄戏。慈禧太后喜爱皮黄戏，皮黄戏因而大行其道。清代晚期，如意馆奉旨制作宫廷戏剧人物画与舞台演出的场面图，如《清人戏出画》册之《皮黄戏空城计》(图 4)，色彩鲜艳，人物生动，如实呈现出当时皮黄戏演出的情景。到了晚清时期，集徽调、楚调、昆曲、秦腔、梆子、京腔之大成的京戏脱颖而出。由于剧本选材多元，表演通俗易懂，深受观众欢迎，京戏于是取代昆曲成为流行全国的剧种。

在现代忙碌的生活中，安排休闲娱乐活动时，不妨走进剧场，在悠扬乐声与锣鼓伴奏中，欣赏粉墨登场的演员表演英雄好汉、才子佳人的故事，愉快地享受一下中国戏曲之乐！

图 4　清　戏出画册　皮黄戏空城计　故宫博物院藏

曲躬蹴鞠
态轻遒

每当世界杯足球赛开打时，全世界都为之疯狂。看球员们使出浑身解数，不管射门、传球、截球还是阻挡，都让人兴奋激动不已。殊不知这个有趣的运动最早来自中国，国际足球联合会已经公开认证，世界上最早的足球运动起源于中国战国时代的齐国临淄。

古代中国将踢足球称为蹴鞠、蹴圆、蹴球或蹋鞠。战国时期齐国生活富足，百姓们喜好玩音乐、下棋、斗鸡、赛狗和踢球。《战国策》记载："临淄甚富而实，其民无不吹竽鼓瑟，击筑弹琴，斗鸡走犬，六博蹋鞠。"这是世界上最早记录人类踢球的史料。基于前述记载，山东临淄被国际足球联合会正式认证为足球的起源地。"蹋鞠"的"蹋"同踏，"鞠"同球，因早期的足球是以皮革为外囊，内填毛发，所以，古代的球称为鞠、球或是毛丸。

到了汉代，蹴鞠逐渐由民间传入宫廷。相传汉高祖刘邦之父刘太公迁居长安后，因无法参与民间斗鸡与蹴鞠等娱乐活动而闷闷不乐。刘邦于是下令模仿老家丰县之风貌，另建新丰城，衢巷栋宇物色如旧，让太上皇可以随时和迁居到新丰的老丰县居民蹴鞠斗鸡，一起玩乐，蹴鞠也因此从民间娱乐转为宫廷娱乐。再后来，蹴鞠逐渐发展为比赛及军事训练项目，也可作为表演节目。

蹴鞠传入宫廷之后，开始有了固定的场地且发展出规模较大的比赛，于是成为一项和剑术相提并论的职业。擅长蹴鞠者称为鞠客，极受贵族欢宠，例如三国时期的曹操，在南征北战时，仍不忘带着一位鞠客随行。蹴鞠不仅可以用来训练士兵，还可以满足军队行伍的休闲娱乐需求。又如西汉名将霍去病，少年时迷于街头蹴鞠，日后虽出征塞外，仍掘地为鞠室（球门），率领兵士进行蹴鞠比赛，因此博得“蹴鞠将军”之称号。汉武帝亦曾网罗众多鞠客，闲暇时于宫中举行鸡鞠会，进行斗鸡和蹴鞠等比赛活动，可见足球在汉代的流行盛况。

汉代的足球场叫作鞠城。汉人撰述的《鞠城铭》中详细记载了汉代官方蹴鞠比赛的球、球员、球场、球门的数量与形制规格，比赛规则中更注明“不以亲疏，不有阿私”，要求裁判遵行比赛规则，不能偏袒任何一方；“端心平意，莫怨其非”，要求运动员要心思端正，心平气和，即使输球也不埋怨和指责别人；“鞠政犹然，况乎执机”，更进一步指出，足球运动都能依照这样的道德标准，更何况政府执政！

蹴鞠本为民间娱乐，到了汉代，除了发展为竞赛与军事训练项目外，也逐渐演变为皇室贵族乐舞百戏中的娱乐节目。汉代刻石中有许多百戏中的蹴鞠场面，表演者男女皆有，以特技方式做踢球表演，再配上音乐增加娱乐效果。百戏中的蹴鞠表演者有的穿着适于运动的窄袖窄裤，一边敲打建鼓，一边蹴鞠，在咚咚鼓声中，或腾空跃起扭腰回身踢球，或倒立顶球跪行驱球，动作利落矫捷。也有着长袖长裙的女子，一面跳着长袖舞，一面在乐师们的伴奏乐声中起脚踢球，长袖飞舞，姿态曼妙婀娜。

到了唐代，蹴鞠发展开始迈向高峰，主要原因是唐人将以往内填毛发的实心鞠改为空心，以空气代替实物填充，故称为气球或轻球。经过改良的气球弹跳力度增加。为适应越踢越高的球，球门开始由掘地而成的鞠室或小球门，演变为立柱式的高球门。变得轻巧富弹性的气球让球员们钻研出更多变化繁复的技巧，创造出多种新式踢法。唐代蹴鞠不需要像汉代那般强调体能，转为重视技术与表演性，蹴鞠因此变得更为优雅，受到文人雅士与女性的青睐。于是，唐代的蹴鞠成为受欢迎的大众休闲活动。唐代百姓每年于寒食清明时节赴郊外祭祖游春，经常顺便进行荡秋千或踢足球等休闲活动以舒展身体。唐人诗句中有许多描述寒食清

图1　宋　张敦礼　闲庭蹴鞠图（局部）　台北故宫博物院藏

明蹴鞠的情景，如王维《寒食城东即事》："蹴鞠屡过飞鸟上，秋千竞出垂杨里。少年分日作遨游，不用清明兼上巳。"男女老少春日蹴鞠的画面跃然纸上。宋人《闲庭蹴鞠图》（图1）中就描绘了簪花佩玉戴着金锁片的女子正以右足勾球，在庭园中大战数名男子的场景。

宋代开国君臣大都出身军旅，故多偏爱以体能见长的娱乐活动。例如传为宋代画家苏汉臣的《鞠场丛戏图》(图2),描绘六人踢球的情景。其中正在踢球者即宋太祖赵匡胤,他微微弯着腰,正聚精会神地举足踢球,对面大臣撩袍防守,其余四臣专注观球。对幅乾隆皇帝题“众目丛场注一球,曲躬蹴足态轻遒”,以诗句形容画中蹴鞠的生动情景。宋代蹴鞠的玩法花样很多,大致可以分为球门和白打两类。球门是设有固定球门正式的团体踢法;白打则不需设置球门,不受场地限制,一人或数人均可玩。因为白打踢法自由,更能表现技术且花样甚多,所以在宋代极为流行。《鞠场丛戏图》中宋太祖和臣子蹴鞠的玩法就是白打。

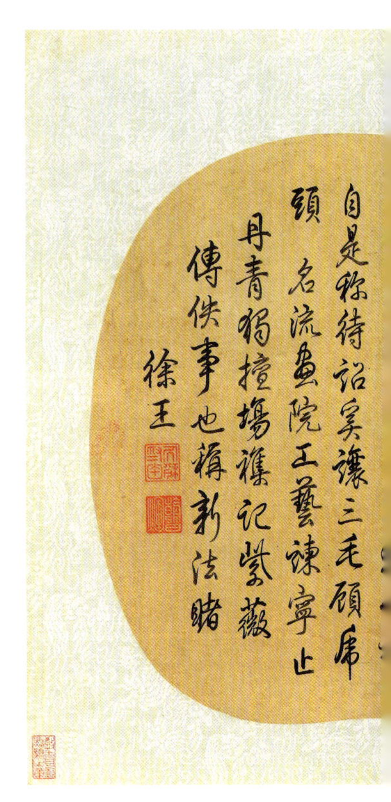

宋代商业繁荣,各个行业大都组织会社以维护自身权益,蹴鞠爱好者与职业蹴鞠艺人曾组成蹴鞠社团,名为圆社,又称为齐云社。圆字来自球,同时寓意球友、艺人与民众关系圆融;齐云则意

味着社员的前途与球技都能步上青云。《水浒传》中谓："京师人口顺，不叫高二，却都叫他做高毬。后来发迹，便将气毬那字去了毛傍，添作立人，便改作姓高名俅。"这高俅便是齐云社的一员，靠着高超球技而发迹，后被皇帝提拔为殿前都指挥使。

图2（传）宋　苏汉臣　鞠场丛戏图　台北故宫博物院藏

到了元代，蹴鞠传到了欧洲。在明代，官吏和王公贵族沉迷于蹴鞠，明太祖朱元璋曾下令禁止军人蹴鞠，但从明代商喜的《明宣宗行乐图》（图 3）中可知，蹴鞠仍是当时流行的娱乐活动之一。

明清时期蹴鞠已变成纨绔子弟的娱乐活动，逐渐不登大雅之堂，如小说《金瓶梅》中谓："王孙争看，小栏下蹴鞠齐云；仕女相携，高楼上娇娆炫色。"到了清初，顺治皇帝严禁军人踢球，加上其他球类运动的流行，蹴鞠运动慢慢走向衰落。

图3　明　商喜　明宣宗行乐图（局部　蹴鞠）故宫博物院藏

击鞠捶丸乐趣多

古代中国的球类运动主要为蹴鞠、击鞠和捶丸。蹴鞠即足球，发源于战国时期齐国的临淄；击鞠即马球，汉代已出现，相传由波斯传入中国；捶丸近似高尔夫球，是由击鞠演变而来，出现于宋代。

击鞠亦称打球或击球，是骑马以杖击球的一种运动。击鞠一词最早出现于曹植诗句“连翩击鞠壤，巧捷惟万端”，可知在汉末时期击鞠运动已经出现。近年在江苏睢宁附近出土六块东汉击鞠系列浮雕画像砖，描绘了当时击鞠比赛之马球手奋力挥杆击球，马匹全力奔跑的情景。球手姿态各不相同，手执偃月形球杖，高举在头顶激烈地争夺击球。马儿四蹄腾空，睁大眼睛紧盯小球毫不放松。从球员骑马上回身击球和立马上由背后击球等高难度动作可知，东汉时期的击鞠运动已相当成熟。

到了魏晋南北朝时期，骑马的风气极为普遍，击鞠越发流行。唐代的皇帝们自李渊开始，就非常喜欢击鞠，上行下效，贵族们跟着热衷于击鞠比赛。由于帝王与贵族的喜爱，击鞠运动迅速推广至民间，甚至妇女也都参与比赛。唐玄宗自幼酷爱击鞠运动，球技高超，据记载，他能策马持杖于空中运球，“连击至数百，而马驰不止，迅若流电”。在一场唐与吐蕃合办的击鞠友谊赛中，玄宗亲自参加并率队赢得胜利。清代画家丁观鹏在《明皇击鞠图》（图1）中生动地描绘了唐明皇与番族、嫔妃及太监等十余人击鞠竞赛的场面。明皇身着裤装骑服奔驰于球场中央，全神贯注地与妃嫔臣子争相击球。明皇身手矫健，弯腰执杖，

图1　清　丁观鹏　明皇击鞠图（局部）　台北故宫博物院藏

图2　清　丁观鹏　明皇击鞠图（局部　双球门）台北故宫博物院藏

锁定目标，俨然胜利在望。唐代击鞠比赛，有单球门和双球门两种玩法，明皇此局比赛为双球门（图2），球场两端各置丈高球门一座，球门以二木柱加上横梁构成，各由两名球员把守（图3）。与赛者分两队，骑马各持球杖追击一球，最先打入球门之球称为头筹，胜负以打入对方球门之球数多寡而定。

唐代击鞠的球具非常讲究，击球之杖由木或藤制成，称为

图3　清　丁观鹏　明皇击鞠图（局部　守门员）台北故宫博物院藏

鞠杖，因末端如半弦月，又称月杖。杖上雕刻各式花纹，甚至漆金银为装饰；球为拳头大小之圆球，以质轻而富于弹性的木材挖空或是用牛角制成，球面常漆色雕花。球衣多为锦袍窄袖，球靴为长筒皮靴。如唐章怀太子墓中所绘壁画（图 4），画中马球手身着球衣，足蹬黑靴，头戴幞巾，左手执马缰，右手执月杖，驱马奔驰抢球，左侧球手作反身击球状，姿态矫健。唐代诗文中有不少关于击鞠的精彩描述，如大文学家韩愈有诗云："分曹决胜约前定，百马攒蹄近相映。球惊杖奋合且离，红牛缨绂黄

图 4 唐 章怀太子墓壁画（局部 打马球） 陕西历史博物馆藏
摄于"盛世壁藏——唐代壁画文化特展"

金羁。侧身转臂著马腹，霹雳应手神珠驰。”唐代击鞠比赛紧张惊险的夺球场面呼之欲出。

唐代以后，历经宋、辽、金、元、明等朝代，击鞠活动仍然十分风行；直到清代初期，因为政权尚未巩固，清廷曾颁布禁马令，严禁民间马匹饲养与交易，击鞠运动因此逐渐式微；到了清代中叶，曾经盛极一时的击鞠就彻底退出中国的竞技舞台。

捶丸是由击鞠演变而来的运动，保留了击鞠比赛的规则与球具，但以徒步代替骑马，执杖击球入门计胜负，故又称步打。有关步打的记载，最早见于唐代王建的《宫词》：“殿前铺设两边楼，寒食宫人步打球。一半走来争跪拜，上棚先谢得头筹。”描写寒食日宫人在宫殿前比赛步打球，球赛中天子驾临，宫人争相跪拜，最后拔得头筹者上棚谢恩。

宋代在步打球的基础上，将立于地上的球门改为地面下的球窝，发展出类似现代高尔夫球的捶丸，捶是打，丸是球。现存最早的捶丸图像是山东泰安出土的宋代岱庙石刻《童子捶丸图》，一小童分腿而立，右手执球，左手执月杖上举。河北巨鹿也有描绘宋代童子捶丸图的陶枕出土，可见早在宋代，捶丸已十分盛行，连儿童也能挥杆玩耍。

捶丸兴起于宋，到了元代已发展成熟，最早完整记录捶丸的书籍《丸经》即出版于元代。书中叙述捶丸的发展史，详述捶丸活动的场地、器具、竞赛规则、击法与战术，是了解元代捶丸的重要著作。《丸经》中记载“宋徽宗、金章宗，皆爱捶丸，盛以锦囊，击以彩棒，碾玉缀顶，饰金缘边，深求古人之遗制，而益致其精也”。可知宋徽宗不仅爱玩捶丸，还在专用球杖上镶金配玉，并用锦囊盛装球杖，装备极为讲究。

由于捶丸不需骑马，装备经费大减，宋代以后逐渐发展成为平民化的运动。山西洪洞县水神庙的元代捶丸图壁画中，描绘青山流水旁，两位身着朱袍的男士正在进行捶丸之戏，一人握球杖侧蹲于球穴旁，一人弯腰扶膝俯视，两人都专心看着滚

图5　明　商喜　明宣宗行乐图（局部　捶丸）　故宫博物院藏

向球窝的球，元代民间捶丸活动鲜活地呈现眼前。

明代捶丸已不似前朝普及，但仍是明代士大夫之间风行的休闲娱乐活动。明宫廷画家商喜所绘《明宣宗行乐图》长卷中，记录了当时的宫廷生活，分别呈现射箭、蹴鞠、击鞠、捶丸、投壶以及皇帝起驾回宫等场景。捶丸场地上有五个球窝，窝旁插有蓝或红色旗帜（图 5），宣宗左右手各执一杖，大约是在考虑用哪支球杖较为合适。捶丸的场地、旗、球穴与球杖等，皆和《丸经》所载吻合。在同一卷中的蹴鞠部分，皇帝只是旁观众人踢球，而在捶丸部分，宣宗就亲自下场执杖参加，可见宣宗皇帝的捶丸应是打得不错的。

经过宋、金、元、明的繁荣之后，捶丸在清代逐渐衰落，变成妇女儿童间的简单游戏，终至销声匿迹，空留文物供人凭吊。

胡汉融合 开盛世

古代中国认为华夏人群居于中央之国，是文明的中心，中心以外为未开化的野蛮地区，因此称四方外族为东夷、南蛮、西戎与北狄，对北方及西域各民族则统称为胡人。

早在战国时期，中原汉族已与胡人有了接触，赵国武灵王学习匈奴的胡服骑射，使赵国成为秦国以外较为强大的国家。而僻处西陲的秦国则变法改制，结合华夏文明、西戎与中亚文明后，经济军事突飞猛进，终于结束战国分裂割据局面，一统中国。到了汉武帝时期，霍去病越千里大漠，大败匈奴；张骞通西域，开辟丝绸之路。于是西域臣服，胡人陆续前来中国，并引进许多新奇的西方事物。这些事物多冠以胡字，如胡桃、胡瓜、胡麻、胡椒、胡服、胡床、胡笛、胡琴与胡旋舞等。魏晋南北朝至隋唐时期，胡人来华者日益繁多，一方面因晋代五胡乱华时期，匈奴、鲜卑、氐、羌、羯等胡族已经占据华北地区长达两百余年；另一方面亦因拥有胡人血统的唐代皇室对胡人采取宽容开放的态度，中原地区胡风日盛，胡汉文化相互融合，造就了隋唐盛世。然而，宋代为了避免唐末以来藩镇割据之乱象重演，遂制定重文轻武政策，导致宋代军力积弱，频遭胡虏强邻压境，排斥敌视外来民族之心日重，夷夏之防的观念日深，一直延续到清代。

综观胡人在中国的情况，当以南北朝与唐代最有可观之处，尤其是中国历史上最开放包容的唐代，因政局稳定，经济繁荣，国力富强，太宗贞观与玄宗开元时期，外邦陆续归附，开创了四海咸服、万国来朝的大唐盛世。通商行旅不绝的丝路以及频繁与外国之交流，将首都长安打造成一个多元开放的国际都市，不同肤色种族的人熙来攘往于长安街道。唐代把称臣纳贡的周边外族称为诸蕃，除了西方诸部族，西南方帝那伏帝、真腊、林邑与东方高丽、倭等七十余国皆臣服于大唐，诸蕃来朝进贡的奇珍异宝更是不胜枚举。如传为唐代画家阎立本的《职贡图》（图 1）描绘了唐太宗时期南洋诸国前来朝贡进奉各式珍奇物品的景象。使臣身穿白袍，骑着高头大马，随从们手捧珊瑚，肩扛象牙，抬箱顶罐，运送孔雀扇、奇石、香料、鹦鹉和花斑羊等充满异国情调的贡品，令人目不暇接。使臣队伍形象各异，姿态不一，高鼻深目、

图1　唐　阎立本　职贡图（局部）　台北故宫博物院藏

穿耳附珰、肤色黝黑，或大袍裹身，或赤膊袒胸仅围短裙，正如宋苏东坡《阎立本职贡图》诗中形容：“贞观之德来万邦，浩如沧海吞河江，音容伧狞服奇庞。横绝岭海逾涛泷，珍禽瑰产争牵扛，名王解辫却盖幢。”诗与画均呈现出万国来朝的恢宏气象。

唐代有关胡人的诗文不少，例如白居易《西凉伎》中形容胡人舞者容貌为“紫髯深目两胡儿”，岑参诗作《胡笳歌送颜真卿使赴河陇》“君不闻胡笳声最悲？紫髯绿眼胡人吹。吹之一曲犹未了，愁杀楼兰征戍儿”，李贺《龙夜吟》“卷发胡儿眼睛绿”以及杜甫《黄河二首》“铁马长鸣不知数，胡人高鼻动成群”。留存的唐墓陪葬品中有许多胡人俑，如三彩胡人骑驼俑（图2）之高鼻深目卷发紫髯的骑驼者，即常见的唐代胡人形象。

来华的胡人以商人居多，次则为僧侣，其他大都是乐舞杂技人才或充当奴仆杂役者。唐代流行胡乐胡舞，胡乐主要有西凉乐、高昌乐、龟兹乐和天竺乐等，舞蹈则有龟兹舞、胡旋舞、柘枝舞和琵琶舞等。玄宗开元时，西域诸国均遣使献“胡旋女”，当时的长安出现许多胡人开设的酒肆，其中来自西域的胡女，被称为胡姬。胡姬多从事音乐与歌舞表演，胡旋舞则必须在特制的波斯毯上才能进行连续快速旋转。胡旋舞有一人独舞、两人对舞，或

图2　唐　三彩胡人骑驼俑
故宫博物院藏

多人群舞，且男女皆能跳。如唐玄宗时期宦官苏思勖的墓葬壁画（图 3）就描绘了宴会中表演胡旋舞的场景。一名深目高鼻虬髯的胡人，头戴尖顶番帽，身着圆领长衫，足蹬锦制软靴，在波斯方毯上旋转起舞，舞姿矫健轻捷。两旁乐队手持笛、箫、笙、铙、琵琶、箜篌、古琴、排箫与拍板等乐器伴奏，左右各立一人，举臂引吭高歌，生动地呈现出唐代宴会胡旋舞的表演实况。

自魏晋南北朝开始，在汉族的律令、组织、文教与学术等基础上注入北方胡人的战斗武力与制度，中原汉族与北方胡人日益融合，形成胡汉合作的新局面，孕育了隋唐盛世。唐太宗击败突厥成为亚洲宗主，号称“天可汗”（图 4）。太宗认为自己之所以

图 3 唐 苏思勖墓葬壁画（局部 胡旋舞） 陕西历史博物馆藏
摄于“盛世壁藏——唐代壁画文化特展”

图4　唐　唐太宗立像
台北故宫博物院藏

能让夷狄听命，除了与历代圣王一样勤政爱民、任用贤能、选拔人才并善待群臣百姓外，最重要的是能视夷夏为一家，对被征服之异族包容照顾，使之心悦诚服，甘愿为其子民。之后的清朝统治者出身女真，入主中原后也与蒙、藏各族维持和善亲切的关系。胡汉融合所展现的力量使唐代与清代成为中国历史上两个疆域广大的盛世王朝。

第七章 习俗节庆

半两五铢通宝钱

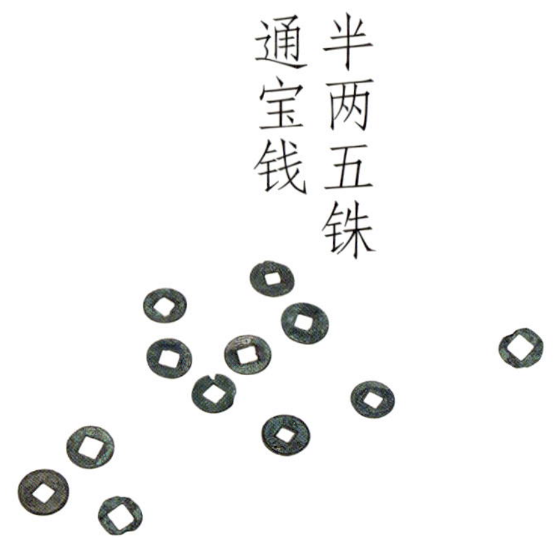

中国是世界上最早使用货币的国家之一。在原始社会时期，交易是以物易物的形态，举凡粮食、皮帛、牲畜、珠玉与海贝等皆可作为交易媒介，其中海贝较少，因不易获得且美观、易于携带，逐渐发展为中国最早的货币——“贝币”，“贝”字也因此成为与钱财或价值相关之字的偏旁或部首，如货、财、贸、贷、贫、赊与购等。

现存最早的贝币见于夏代墓葬中，商周时期贝币更为普遍。除了天然海贝外，还有仿制的骨贝与石贝。到了商代中后期，随着商品交易规模扩大，海贝数量相对不足，仿制的铜贝币开始出现。

西周成王时期出现圆钱，是一种仿璧、瑗与环等玉器铸造的圆边圆孔货币，西周晚期之后，金属铸币广泛流通，于是贝币逐渐被淘汰。春秋战国时期，周王室式微，列国各自为政，除周王室的圆钱外，列国依其文化条件与资源，由农具或工具演变出不同造型的货币，如中原三晋的布币（图 1）是从青铜农具中状似锄铲的镈演变而来；燕、赵、齐国的刀币则是依照作为工具的刀铸造；楚国另根据贝币的形状改铸蚁鼻钱；秦国则仍依周制铸圆钱。到了秦惠王时期，将圆钱的圆边圆孔改为圆边方孔。秦统一天下后，不仅统一度量衡，同时也推行车同轨、书同文、钱同币与币同形，废除六国币制，将货币统一为黄金和铜钱两种。黄金为“上币”，以镒为单位;铜钱为“下币”，以十二铢为半两。铜钱之重量如其上所铸文字，在币面上以李

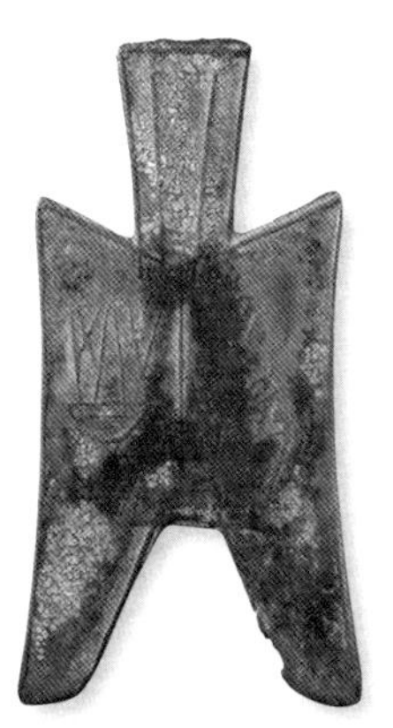

图1　战国　“晋阳”耸肩尖足布
中国钱币博物馆藏

斯篆书“半两”二字铸文,称为“半两钱”(图2)。自秦半两开始,中国钱币便以圆形方孔为定制，此后历代沿用直至清末，后世遂以其形状将钱称为“孔方兄”。

汉承秦制，沿用秦半两并开放民间自铸，但钱的重量与名称逐渐名实不符。汉武帝开始大力整顿，下令废除所有货币，将铸币权收归中央，钱币一律由中央政府负责铸造，称为五铢钱。五铢钱采用标准的金属材料、尺寸和重量，方孔两侧铸“五”“铢”二字，钱币边缘加铸凸起轮廓，以保护钱身之文字图案。汉武帝设立专门造币机构，以规范五铢钱币的质量，令轻重与面值适于使用，因此迅速取代秦半两的地位而流通全国，汉代币制因此空前稳固。汉武帝此举奠下由中央政府铸币的金融传统基础。五铢钱也因轻重适宜，制作精美，在之后的朝代相继累铸，一直沿用

图2 秦 半两钱
中国钱币博物馆藏

图3 唐 开元通宝
中国钱币博物馆藏

到唐初，前后流通七百余年，成为中国历史上数量最多、流通时间最久的钱币。

唐高祖取天下以后，废除五铢钱，改铸开元通宝（图3）。开元并非年号，意为开辟新纪元的流通宝货，影响所及，以后各朝代之钱币多称通宝、元宝或重宝，并冠以当时的年号，如永乐通宝、康熙通宝与乾隆通宝等。开元通宝承袭秦半两与汉代五铢钱的形状，但改用新的重量单位，以十进制的钱两取代秦汉以来以重量为钱文，二十四铢为一两的铢两制。在唐代十枚开元通宝即为一两。开元通宝的材质有铜、银和鎏金等，其钱币形制、钱文模式与十进制衡法，自唐代开始沿袭长达一千三百年之久，直至二十世纪初期，民国通宝成为中国流通货币中最后的方孔圆钱。唐开元通宝之影响也跨海达到邻近的日本、朝鲜、越南以及中亚等地。

宋代货币初期以铜钱为主，白银亦开始流通，后为了交易方便，开始了纸钞的发行。北宋时期由四川成都发行的交子是全世界最早发行的纸币。交子源出民间，最初由商人自由发行，后因商人无力兑还其发行之交子而引起诉讼，政府遂规定交子之印制发行权收归官办，并于四川设益州交子务承办印刷纸币事宜，发行官交子。宋代的纸币发行种类繁多，除了交子之外，尚有钱引、会子、关子与小钞等，在各地分别发行，如四川交子、陕西交子、淮南交子、四川钱引、陕西钱引、四川会子与湖北会子等。最早的纸币文物是一张拓片，上半为十枚方孔圆钱和“除四川外许于诸路州县公私从便主管并同见钱七百七十陌流转行使”二十九字，下半为三人于屋外背运货物之图案。拓片之原钞版已佚，后有好事者据以铸为钞版。学界认为此拓片应即是自宋代交子或会子之原钞版拓下。到了元代，纸钞已成为基本流通货币。元末因纸钞发行过量导致严重的通货膨胀，成为元代灭亡因素之一。明代纸钞与铜钱兼用，到了中后期，白银成为法定流通货币，大额交易多用银，小额交易则用钞或钱。

清初康熙年间，社会稳定，经济发达，康熙皇帝在位长达六十一年，因此康熙通宝之铸造量甚大，分别由全国二十四个铸钱局生产，钱背面铸满、汉文标示铸钱局名。由于康熙钱币制作精美规整，铜质佳、品相多、版式繁，且钱文“康”为安宁，“熙”为兴盛，寓意吉祥，后人遂将其中二十个铸钱局的汉文名编排成《康熙钱币背文诗》:“同福临东江，宣原苏蓟昌。南河宁广浙，台桂陕云漳。”钱背满、汉文局名，这套康熙通宝钱，称之为“诗文二十品”。

现代已不使用圆边方孔的孔方兄，自数千百年前流传下来的半两、五铢、布币、刀币和各种通宝等古钱已化身为收藏文物，于是古代的孔方兄就晋升为现代的文雅物了。

祛病养生施艾灸

中医有“三宝”：一根针、一碗汤、一炷灸，其中的一炷灸就是流传近三千年的艾灸疗法。中医古籍上记载“针所不为，灸之所宜”，“病药之不及，针之不到，必须灸之”，可知艾灸是一种较扎针、服药更为温和有效的治疗方法。艾灸是用燃着的艾草置于人体经络穴位上，利用热力传导药效来疏通经络，协助气血正常运行。艾灸不仅能治病，还有预防与保健的功效，所以，自古以来艾灸就是民间非常流行的日常疗法。艾是艾草，具有治疾病与驱疫鬼的功效；灸的本字为久，为象形字，上部为侧卧人形，下部是类似艾卷之物，像人受艾卷熏治之形，之后久字下加火演化为会意字灸，表示以燃烧的艾卷熏治人体穴位的治疗方法。

《庄子》“丘所谓无病而自灸也”与《孟子》“今之欲王者，犹七年之病，求三年之艾也”等记载证明在春秋战国时期，灸疗之法已经相当盛行。

到了西汉时期，有关灸法的医学典籍开始出现，如长沙马王堆三号汉墓出土的帛书《足臂十一脉灸经》(图 1）与《阴阳十一脉灸经》是现存最早的经络灸疗专著，其中记载了各种经脉病症以及在相关经脉使用灸疗之方法。对人体经络的认知是中国医学的基础，灸疗就是在这个基础上发展出以艾草烧灼刺激正确的穴位，借由艾草药热通行人体经络系统来调节五脏六腑与四肢百骸，使人体整体机能恢复正常。

由晋至唐宋是灸疗发展最重要的时期，灸法专书大量出现，灸疗范围不断扩展，灸疗在医疗领域的地位益发重要。随着灸疗的专业化与普及化，唐宋时期开始出现以施行灸法为业的灸师。文起八代之衰的唐代文学家韩愈曾有诗云：“灸师施艾炷，酷若猎火围。”当艾炷烧灼时，热气腾腾犹如以火围猎的情景宛然眼前。据记载，唐代药王孙思邈经常以艾火烧遍全身，所以，他一直到九十余岁犹视听不衰，神采奕奕。药王长期灸艾养生，效果斐然。宋代曾有“灼艾分痛”的佳话传世。《宋史》载：“太宗尝病亟，帝往视之，亲为灼艾。太宗觉痛，帝亦取艾自灸。”宋太祖赵匡胤与其弟宋太宗赵光义感情深厚，赵光义生病用艾灸治疗时，感

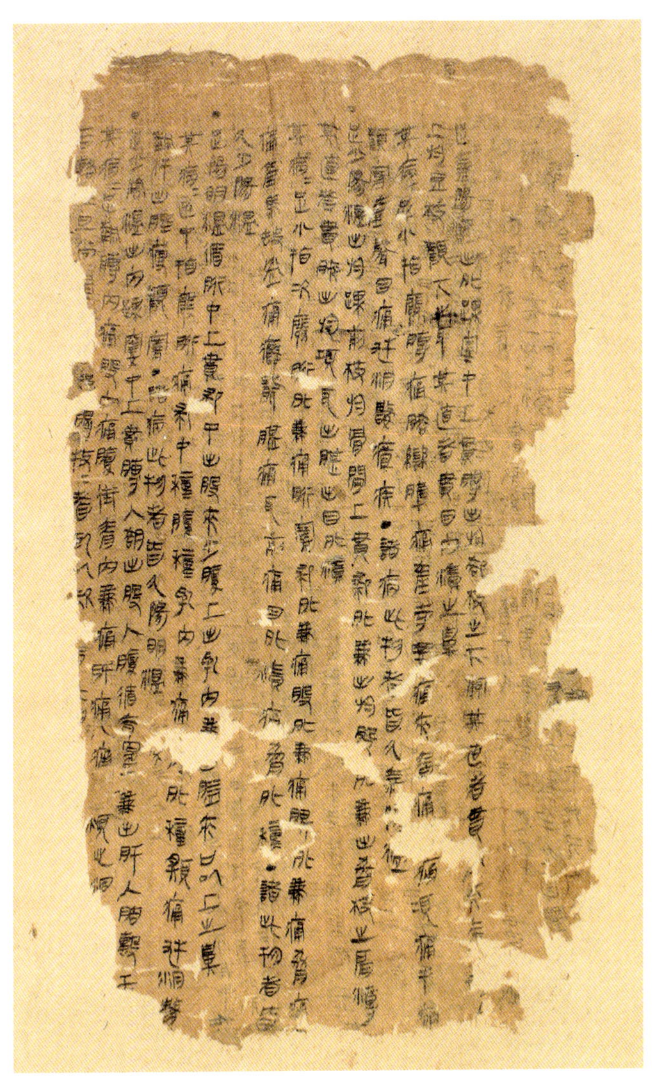

图1　西汉　足臂十一脉灸经　湖南博物院藏

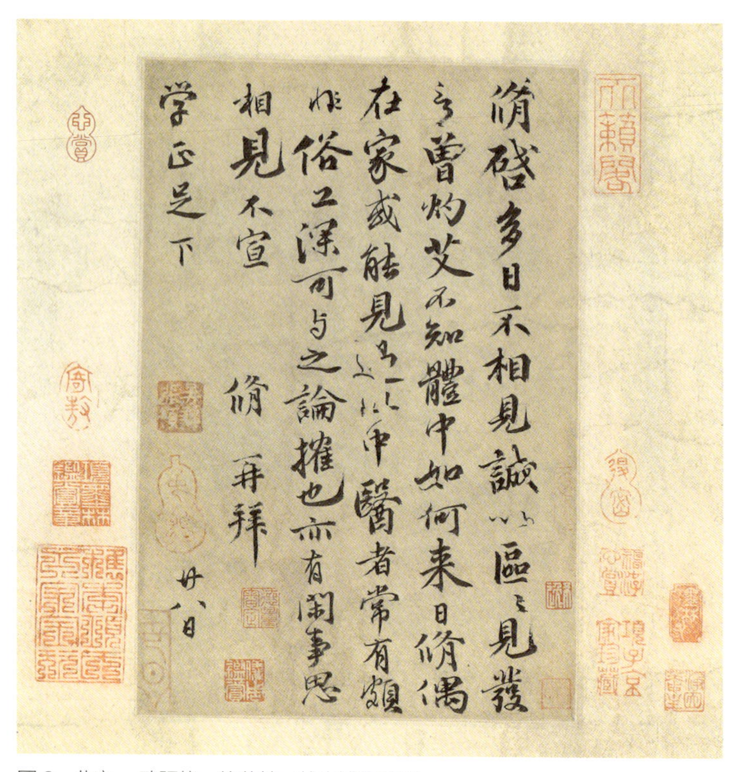
脩啓多日不相見誠以區區見發
言曾灼艾不知體中如何來日脩偶
在家或能見過此中醫者常有頗
非俗工深可與之論搉也亦有閑事思
相見不宣
脩再拜
學正足下
廿八日

图2　北宋　欧阳修　灼艾帖　故宫博物院藏

觉疼痛，于是赵匡胤也取艾来自灼以分其痛，有苦同担的兄弟深情令人感动。

有关艾灸之传世文物不多，北宋文学家欧阳修的《灼艾帖》（图2）是极为少见的代表，信中谓：“见发言，曾灼艾，不知体中如何？来日修偶在家，或能见过。此中医者常有，颇非俗工，深可与之论榷也。”帖中“见发言”的“发”为欧阳修长子之名，“灼艾”即艾灸。信中提到欧阳发曾经接受过艾灸治疗。欧阳修认为灼艾是中医常用的医治手法，非一般俗工可为，是一门值得深入探讨的学问。此信反映出灼艾在宋代是相当流行的治病保健方法。

宋太宗曾诏命诸太医各献家传经验药方，加上太宗即位前亲自搜集的方子，交由翰林医官们合作整理归类，历经十四年始编纂完成一部综合性方书——《太平圣惠方》，内容包括内、外、骨伤、金创、胎产、妇、儿、丹药、食治、补益、针灸等各门相关的理论与方药，其中针灸一门详细完备地记录前代医家之针灸论述与临床应用，对后世灸法的进展发挥了承上启下的作用。南宋时期出现第一部以艾灸治急病的专书——《备急灸法》，书中介绍二十余种急症的灸疗治方，即所谓“凡仓卒救人者，惟灼艾为第一”。

宋代灸艾的真实情况在唯一传世的艾灸医疗实况图中有着栩栩如生的描绘，此即宋代李唐的《灸艾图》(图 3)。在宁静村庄的柳树荫下，一位走村串巷卖药为生的穷郎中，身着缀满补丁的破旧衣衫，正弓着腰，手持艾条在患者背后施灸。病人上身袒露，双目圆睁，肌肉因紧张而紧绷，髭须因疼痛而根根竖立。他张着

图3 宋 李唐 灸艾图 台北故宫博物院藏

大嘴，声嘶力竭地叫喊，显现出被热艾灼肤的锥心疼痛。病人双臂被一旁面容清瘦、表情愁苦忧郁的村民和另一蹲在地上之男子紧紧抓住，双腿也被二人死命踩住，怕他因痛而挣脱，病人的衣裳因挣扎而凌乱不堪，几乎无法蔽体。身边的妇人用手按着病人肩膀，因害怕而闭着一只眼，却又因好奇而睁着另一只眼，紧盯着艾灸治疗。郎中却丝毫不为叫喊声所动，依旧神情专注，目光如炬地进行灸疗，站在郎中身旁的小药童身背成串膏药幌子，手里捧着一贴大膏药，正张口向膏药呵着湿气，准备艾灸一结束即贴在疮口上。安宁朴实的乡下农村中，因灸艾治疗而呈现出一种紧张的气氛，宋代走方郎中灸艾治病的情景跃然纸上。

干支生肖保平安

2021年依中国人的说法是辛丑牛年，“辛丑”是中国古代天文历法中干支纪年的用词，牛在十二生肖中排名第二。干支是天干地支的简称，天干指甲、乙、丙、丁、戊、己、庚、辛、壬、癸十字；地支指子、丑、寅、卯、辰、巳、午、未、申、酉、戌、亥十二字。中国自古以天干及地支相互搭配来纪年、月、日、时，这就是中国古代的天文历法，称为干支纪年法。

远古时代先民以渔猎农牧为生，古人观察日月星辰等天象制定历法，供人们依自然季节变化而生活工作，研究出十天干与十二地支相互搭配以循环计时，如甲子、乙丑、丙寅以至天干之末癸酉，然后重新开始以十天干接续地支为甲戌直至十二地支之末乙亥，接着再以地支接续天干为丙子、丁丑……如此自甲子开始，经过十轮天干搭配五轮地支是一个完整循环，一直到下一个甲子需时六十年，因此六十年的时间被称为一甲子。干支纪年法起源甚早，相传史前三皇五帝时即已发明，但是由考古出土殷商甲骨上所刻六十干支序列图可知，中国人在殷商时期已经开始使用干支纪年了。

十二生肖是由十一种源于自然界的动物即鼠、牛、虎、兔、蛇、马、羊、猴、鸡、狗、猪以及传说中的龙所组成。据研究，甲骨文中的部族姓氏多为禽兽造型之象形文字，而上古十二大姓氏的先祖图腾与甲骨文十二地支文字基本相合，例如子肖鼠形、丑为半侧牛形、寅为虎头、卯为兔之双耳、辰为蜷曲龙虫、巳为蛇形、午为马头形……由此推测十二地支文字可能是十二种部族动物图腾的抽象表现形式。经过传播普及，子、丑等十二地支文字逐渐与十二动物结合，形成家喻户晓、易识易懂的十二地支生肖：子鼠、丑牛、寅虎、卯兔、辰龙、巳蛇、午马、未羊、申猴、酉鸡、戌狗、亥猪。

十二生肖从起源到完善，历时漫长，最早出现地支与生肖搭配的文献资料见于周代《诗经》中：“吉日庚午，既差我马。”意为庚午是跃马出猎的好日子，庚午与马的对应，吻合十二生肖的午马。十二生肖出现的最早实物数据，是湖北与甘肃出土的秦简。两批秦简上均有关于十二生肖的记载，如湖北睡虎地秦简所载地支与动物搭配之生肖顺序为子鼠、丑牛、寅虎、卯兔、辰□（缺文）、巳虫、午鹿、未马、申环、酉水、戌老羊、亥豕。秦简中的十二生肖和现在的生肖虽略有差异，但已接近完整，可见十二生肖的配属在先秦时期已基本成形且广为流传。

现存的十二生肖文物大多数是随葬明器，古人将人的命格与十二生肖结合而成生肖俑，按一定方位排列于墓室中，因为人们相信十二生肖俑有镇墓辟邪作用，可以保护墓主亡灵并保佑子孙平安多福。作为随葬品的十二生肖俑最早出现于南北朝时期的墓葬中，如山东北魏墓葬群出土陶质十二生肖俑中生肖排名第三的虎（图 1），简单写实的灰陶动物形象伏卧于相配套的龛台上，质朴中透着盎然生机。

图1 北魏 灰陶生肖俑 虎
山东省文物考古研究院藏

图2 南宋 十二生肖俑 羊
江西省博物馆藏

到了隋唐时期，出现穿着文官服饰兽面人身的坐姿十二生肖俑。初唐末高宗武周时期，立姿兽首人身生肖俑出现，并逐渐取代坐姿生肖俑。隋唐的生肖俑大多为陶制，也有少数石制、瓷制、琉璃制与泥塑者。唐代民众将十二生肖俑当作神像来供奉，不仅体现当时文化艺术之繁荣，也透露出唐人对神灵的敬畏与对死者的尊敬，十二生肖文化在唐代发展到巅峰。

到了宋代，十二生肖俑多以人像为主，动物造像退居次要地位，生肖动物或塑于人像之头冠上，或由文官俑双手捧于胸前，如南宋十二生肖俑中排名第八的羊（图2）。南宋末期，动物形象之生肖已全然消失，取而代之者为文官俑器座上所书象征十二生肖的子、丑等地支文字。南北朝、隋、唐、五代与宋墓中的十二生肖俑有着鲜明的中国民俗文化特色，然而，中国特有的生肖俑却在南宋以后绝迹，其形象只能在文献与文物中重温。

南北朝与隋唐时期开始利用十二生肖纹饰作为铜镜的装饰，其图案布局结构严谨，纹饰以十二生肖为主，搭配瑞兽或花草纹。如隋代十二生肖纹镜（图 3），镜背边缘饰一周三角形纹，背中央为圆纽，纽外绕以三圈凸弦纹，内圈饰八个小乳钉纹，中圈为卷草花纹，外圈分十二格，格中各饰一生肖动物。这种分格的十二生肖纹镜，极具特色，之后历朝历代相继铸造饰以十二生肖之各样铜镜。十二生肖由镇墓辟邪的陪葬俑逐渐转化为实用工艺品的纹饰。

图 3　隋　十二生肖纹镜
台北故宫博物院藏

中国古代农业社会中，牛是重要的生产动力，从农耕到交通甚至在军事上都能广泛运用，耕牛因此成为我国农耕文明的标志之一。在十二生肖中，牛性情温和、忠厚老实，体形虽大但不欺负弱小，力气大并有耐力，吃苦耐劳，所以生肖属牛的人通常会像牛一般有股牛劲儿，苦干实干，更有着一种坚持原则的倔强牛脾气。

中国人对牛的好感常反映于历代绘画中，如台北故宫博物院收藏的宋代李唐《乳牛图》（图 4），画幅中一位小牧童悠闲地

图4 宋 李唐 乳牛图 台北故宫博物院藏

图5 （传）唐　戴嵩　斗牛图　台北故宫博物院藏

伏趴在母牛背上，回头看着后面跟随的小牛；小牛一面快步追着母牛，一面引颈呼唤娘亲；牛妈妈则一面迈步向前，一面摇着尾巴回应，舐犊情深的母子亲情洋溢画面。再如传为唐代画家戴嵩的《斗牛图》（图5），画中生动地描绘二牛嬉戏相斗的场面，后面一牛正低头奋力用角抵撞，前面一牛则急忙跃起，一面闪开，还一面扭头看着伙伴，两头牛像是在玩耍，并没有剑拔弩张的凶悍表情。收藏此画的乾隆皇帝发挥想象力，题诗道："角尖项强力相持，蹴踏腾轰各出奇。想是牧童指点后，股间微露尾垂垂。"鲜活地引出画面中没有出现的牧童以及牛儿夹着尾巴蹴踏角抵的牛劲儿。

曲水流觞 忆修禊

中国古代有一种除灾祈福的仪式，称为祓禊。祓是消除洗涤，禊是临水净身，祓禊即沐浴洗涤去垢以除病消灾之仪式。相传周代已有水滨祓禊之俗，分春秋两季举行，春禊在农历三月上旬第一个巳日，正当天气回暖之时，人们到水边手持兰草祛邪，用香草沐浴，洗去一冬污垢，祓除疾病不祥，祈求平安健康。《论语》所记："暮春者，春服既成，冠者五六人，童子六七人，浴乎沂，风乎舞雩，咏而归。"正是春禊仪式。由于春禊的时间在三月上巳日，故亦称为上巳节。到了秦汉时期，上巳节已成为全国性的重要节日，由于农历三月上旬的巳日每年不同，魏晋以后遂将上巳节固定于三月初三日。

相传周王于祓禊仪式后，与宾客在洛水边宴饮，不料酒觞坠入洛水，在月光下随波漂流，下游宾客拈起酒觞一饮而尽，月色宜人，流觞风雅，史称“月光禊洛”。由此佳景美事发展而成祓濯仪式之后，接着进行的临水宴饮活动。通常由童仆在溪流上游，将酒觞盛酒后，逐个放在水面上，酒觞顺流而下，席坐水边的亲朋好友各自取杯饮酒，歌咏赋诗，宾主尽欢，称为流杯曲水或曲水流觞。魏晋以后，曲水流觞已发展为上巳节的主要活动。每逢三月初三日，国人结伴于江渚池沼间祓濯、禊饮并踏青，充分享受水上迎祥之乐。然而自明代以降，上巳节祓禊祈福之意日薄，春游寻乐之意益浓，最后与寒食节一起并入清明节，上巳原有的流觞、探春、戴柳与踏青等习俗亦纳入清明节活动，而早期的祓濯与寒食等习俗则湮灭不传。

古代酒杯依容量之不同而名称各异，《仪礼注疏》载：“爵一升，觚二升，觯三升，角四升，散五升。”周代将盛满酒的酒杯称为觞，而进行曲水流觞时所用之觞则多为羽觞，外形椭圆，腹浅底平，口沿两侧各有半月形耳便于执持，因其形如鸟之双翼，故称羽觞，而其状亦如人耳，故也叫耳杯。羽觞出现于战国时期，一直使用到魏晋。考古出土的羽觞有漆、铜、金、银、玉等各种材质，例如西汉墓出土的云纹耳杯（图 1）即木胎红黑漆制之羽觞，椭圆平底，月牙状双耳微翘，杯内髹红漆底，黑漆绘卷云纹，底部黑漆隶书“君幸酒”三字，为请君饮酒之意。木胎漆制羽觞体

图1　西汉　云纹耳杯
湖南博物院藏

量轻盈。所以盛满酒仍能漂流于水上，绿水朱杯相映成趣，遥想当年修禊之风雅逸兴，思古之幽情油然而生。

历史上最著名的曲水流觞当推东晋时期的兰亭集会，一千六百多年前的上巳日，时任会稽内史的王羲之邀请诸亲好友四十一人，齐聚浙江绍兴的兰亭，祓禊仪式后，流觞饮酒，吟诗歌咏，共得诗三十七首，汇集成册后，微醺的主人王羲之用鼠须笔在蚕茧纸上写下脍炙人口的《兰亭集序》："暮春之初，会于会稽山阴之兰亭，修禊事也。群贤毕至，少长咸集。此地有崇山峻岭，茂林修竹，又有清流激湍，映带左右，引以为流觞曲水，列坐其次，虽无丝竹管弦之盛，一觞一咏，亦足以畅叙幽情。"这篇抒发祓濯禊饮心情的《兰亭集序》亦称禊帖，文辞隽妙雅逸，寓意旷达洒

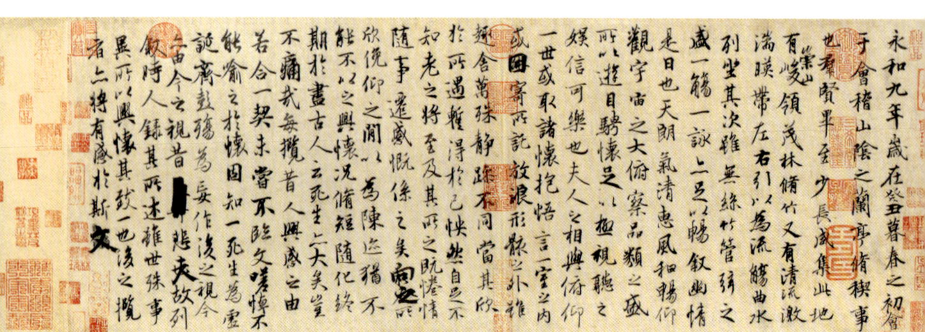

图2　唐　冯承素　兰亭序摹本　故宫博物院藏

脱，书法遒媚飘逸，自然天成，兰亭修禊雅集不仅因此而留名青史，羲之所书《兰亭集序》更成为后世追慕效法的典范。

《兰亭集序》传至唐代，被唐太宗奉为“天下第一行书”，王羲之则被尊为“书圣”。遗憾的是真迹已随唐太宗入昭陵殉葬，所幸太宗曾令书家虞世南、褚遂良、欧阳询与冯承素临摹，并制作拓本赐予王公大臣。是以《兰亭集序》真迹虽已不存，而下真迹一等的唐摹本（图 2）仍流传至今供世人欣赏瞻仰。

兰亭修禊的情景除了从《兰亭集序》中体会外，更有许多以兰亭雅集为主题的绘画可供追忆，有取其山水人物作写意画风者，也有详细描绘四十一位名士者。如传为宋代郭忠恕的《摹顾恺之兰亭燕集图》卷，画面起始童仆在上游将盛满酒的各式杯盏放在荷叶上，小心翼翼地把荷叶酒盏放于潺潺流水上，载着羽觞的片片荷叶顺流而下，将美酒送给与会嘉宾（图3)。画中列坐于曲水两岸之名士身侧都书有榜题，录其名衔与所赋诗文，自右而左依次为魏滂与王羲之（图4),羲之名衔旁录其所作《兰亭诗》二首，细品其一："代谢鳞次，忽焉以周。欣此暮春，和气载柔。

图3　(传)宋　郭忠恕　摹顾恺之兰亭燕集图卷（局部　童仆流觞）
台北故宫博物院藏

图4　(传)宋　郭忠恕　摹顾恺之兰亭燕集图卷（局部　名士诗文）
台北故宫博物院藏

图5 明 仇英 修褉图（局部） 台北故宫博物院藏

咏彼舞雩，异世同沐。乃携齐契，散怀林丘。”当年王羲之于兰亭修褉时，散怀山水，萧然忘羁的情境跃然眼前。

唐宋以后，曲水流觞成为画家们喜爱的绘画主题，如明代四大家之一的仇英于《修褉图》（图5）中描绘饮罢流觞之酒后的文士们，或于溪畔席上起舞高歌，对卷凝思酝酿诗文，或于临水竹林中吟诗作赋，清谈论道。清代院画《十二月月令图》之“三月流觞”（图6）中，则将曲水流觞与农夫犁田、渔家捕鱼以及儿童踏青、放飞纸鸢等活动结合，呈现出三月清明时节之春日即景。

图6　清院本　十二月月令图之三月流觞　台北故宫博物院藏

清明时节雨纷纷

清明节是从清明节气演变而来，节气是物候变化与时令顺序的标志，根据《四时宜忌》记载：“春分后十五日，斗指乙，为清明，万物至此皆洁齐而清明矣。”因春分后十五日，大致在四月五日左右，万物皆洁齐而清明，故名为清明，这是一个决定农事进展和生活起居参考的节气。

节日是包含民俗活动以及特殊纪念意义的日子。在古代中国二十四个节气当中，只有清明和冬至两个节气被定为节日。清明由节气转化为祭祖的节日则与寒食节有关联，相传上古时期因季节不同须用不同的木材钻火，因而有改季改火之俗。改火之后，须换取新火，新火未至，禁止生火，只能吃冷食，故名寒食。寒食节期间禁火三天，主要节俗为冷食、上坟、蹴鞠、荡秋千、拔河与放风筝等。寒食节通常是在冬至后第一百零五日，与清明日期相近。唐代以前，寒食与清明是两个前后相连而主题不同的节日，寒食怀旧悼亡，清明求新护生。到了唐代，寒食节已经发展为一个隆重的全国性节日，当时上坟祭墓的情形在白居易《寒食诗》中有生动描述："丘墟郭门外，寒食谁家哭。风吹旷野纸钱飞，古墓累累春草绿。棠梨花映白杨树，尽是死生离别处。冥寞重泉哭不闻，萧萧暮雨人归去。"由于寒食不举火，不能烧化纸钱，故将纸钱压于坟上，称为挂纸。祭墓时纸钱随风飞起，故有"风吹旷野纸钱飞"之句。于长沙出土的唐代瓷壶上有墨书《寒食诗》："寒食元无火，青松自有烟。鸟啼新上柳，人拜古坟前。"简洁质朴的诗句描绘唐代寒食节插柳祭扫的情景。唐代以前，中国的春祭都在寒食节，寒食节三天之后是清明节，唐初寒食节和清明节放假共计四天。《唐会要》记载，唐代宗明令自今以后，寒食同清明，寒食遂与清明合而为一，之后寒食节逐渐为清明节所取代。

与清明节时间点极接近的上巳节，是从周代开始，每年于农历三月上巳日去水边举行的招魂祓禊仪式。因为农历三月上旬，万物复苏，春临大地，上巳日即成为招魂续魄、祓除不祥、去除秽气的节日。发展到唐代，上巳节已成为一个重要节日，除了原有的祓除、修禊、佩兰草等节俗，更加入踏青游乐等活动。结伴春游的热闹情景正如诗圣杜甫《丽人行》所述："三月三日天气新，长安水边多丽人。”然而上巳节祓禊、佩兰草、踏青等节俗，自唐代开始也和寒食节一样渐被并入清明节。王维《寒食城东即事》诗中写道：“蹴鞠屡过飞鸟上，秋千竞出垂杨里。少年分日作遨游，不用清明兼上巳。”诗中提到寒食蹴鞠、荡秋千与上巳春游等节俗活动，已与清明节密不可分。到了宋元时期，原为一个单纯的农业清明节气，因融合了寒食节和上巳节两个古老节日的精华，终于晋升为重要的节日。自此，清明与端午、春节、中秋并列为中华四大传统节日。

唐代后期，寒食与清明连假增为七天。宋代承袭唐制，清明节放假七天。因为承接了寒食节与上巳节丰富的节俗，清明节除了扫墓祭祖、寒食赐火外，还有踏青、射柳、蹴鞠、放风筝与荡秋千等活动。北宋东京开封府居民于清明节出城赏春的情景在《东京梦华录》中有详细的描述：“往往就芳树之下，或园囿之间，罗列杯盘，互相劝酬。都城之歌儿舞女，遍满园亭，抵暮而归。”出城祭墓之后，接着踏青赏春，宴饮行乐，一路上更有各色艺人表演戏曲杂技，以娱游人。描绘北宋都城汴京繁华盛景的名画《清明上河图》中，清楚呈现出汴梁地区的节庆活动，例如河边放风筝（图 1）、院中荡秋千（图 2）与街上看偶戏（图 3）等。而最热闹的莫过于酬神的野台戏（图 4），戏台上演出貂蝉梳妆、吕布掷戟的三国故事，正是董卓掀帘闯见吕布戏貂蝉的紧张时刻，

图1　清院本　清明上河图（局部　放风筝）　台北故宫博物院藏

图2　清院本　清明上河图（局部　荡秋千）　台北故宫博物院藏

图 3　清院本　清明上河图（局部　偶戏）台北故宫博物院藏

图 4　清院本　清明上河图（局部　野台戏）台北故宫博物院藏

簇拥在戏台四周的民众一个个伸长了脖子观看，有的观众索性站到凳子上看个仔细，另外还有骑在驴或马背上、坐在扁担上、爬到树上、撑伞站在船篷上，甚至攀在戏台支柱上看的。最有意思的是戏台边上一户人家的后院里，两名妇女被戏曲锣鼓声响吸引，顾不得会抛头露面，干脆登梯倚在墙头上看个痛快！

清明节的热闹气氛到了南宋更上层楼，钱塘人吴自牧在他的笔记《梦粱录》中写道："车马往来繁盛，填塞都门。宴于郊者，则就名园芳圃，奇花异木之处；宴于湖者，则彩舟画舫，款款撑驾，随处行乐。此日又有龙舟可观，都人不论贫富，倾城而出，笙歌鼎沸，鼓吹喧天。虽东京金明池，未必如此之佳。殢酒贪欢，不觉日晚，红霞映水，月挂柳梢，歌韵清圆，乐声嘹亮。"生动地记录了南宋都城临安府的清明盛况。

唐代诗人杜牧诗"清明时节雨纷纷，路上行人欲断魂"描述古代中国清明时节的哀伤，但接下来的诗句"借问酒家何处有，牧童遥指杏花村"却透露出清明节庆的欢乐。明清时期，清明节上坟祭祖之后的饮酒赏花、蹴鞠、荡秋千乃至放风筝等行乐活动逐渐式微，不过，唐宋时期清明节热闹多彩的盛况虽已不再，清明扫墓、祭祖、踏春的传统却依然流传至今。

龙舟竞渡 庆端午

春节、清明节、端午节与中秋节是中国人的四大传统节日，清明节后春夏交接，就到了农历五月五日的端午节。“端”字是开端或初始之意，“端五”即是“初五”，按照历法地支纪月，五月是“午”月，“端五”遂变成“端午”。

古代中国人认为农历五月是春夏节气交替之际，也是瘟鬼和蟾蜍、蝎子、壁虎、蛇与蜈蚣“五毒”不祥之物集中出现的时间，民间因而称五月为“毒月”。五月五日被认为是不吉利的日子，因此也叫作“恶月恶日”。在这一天人们会用不同的方式驱除瘟疫和厄运，并贴神符辟邪驱魔。农历五月五日的端午节遂成为一个驱疫除厄的节日。过节时插菖蒲、艾叶，佩香包以驱邪避凶，喝雄黄酒以避疫，划龙舟以竞相驱除瘟邪。

端午节起源主要有三个传说。以时间顺序而言，第一个传说是纪念春秋时期楚国的伍子胥。因其父兄为楚王所杀，子胥遂投奔吴国，助吴王阖庐西破强楚，北威齐晋，南服越人。后吴王夫差继位，伐越大胜，越王勾践请和，子胥建议灭越以绝后患，夫差不听，反而听信太宰嚭谗言，赐剑子胥自刎。子胥临终预言吴将亡于越，夫差闻言大怒，以皮革裹子胥尸于五月五日投入钱塘江。为纪念这位忠臣，每年五月初五，苏州百姓家家包粽子投入江中，希望江鱼吃粽子而不食子胥，于是吃粽子成为端午节的习俗。第二个传说是纪念战国时期楚国的屈原。他力主联齐抗秦，因楚国贵族强烈反对，遭谗去职，被流放至沅湘流域。后秦军破楚，攻陷郢都，楚王被迫迁都。眼看楚国危矣，身为臣子却不能回朝效力，苦闷绝望的屈原写下绝笔作《怀沙》后，抱石投入汨罗江，以身殉国。屈原死后，楚人出舟楫往救之，并将饭团投入江中喂鱼虾，以免屈原为鱼虾所食，从此形成每年五月初五吃粽子与龙舟竞渡以纪念屈原的端午节习俗。第三个传说是纪念东汉孝女曹娥。曹娥父亲溺于江中，数日不见尸。年仅十四岁的曹娥，沿江号哭十七昼夜后投江。五天后，也就是五月五日那天，父女相拥之尸身浮出水面，民众感念其孝行而祭之。以上三种传说中，以端午节源于纪念爱国诗人屈原之说流传最广。

其实，龙舟竞渡的习俗早在屈原之前即已存在，现存最早的划龙舟图像是浙江宁波出土的羽人竞渡铜钺（图 1），这个战国时代越国的铜钺上饰有一列戴羽毛高冠的人持桨奋力划龙舟的图像。此外，苏州自古即有以龙舟迎接潮水之神伍子胥的习俗。因为古代中国人把船当作送走灾邪的工具，故龙舟竞渡也是一种竞相驱瘟避邪的活动。

古代龙舟竞渡之情景可由唐人张建封《竞渡歌》中略窥一二：“鼓声三下红旗开，两龙跃出浮水来。棹影斡波飞万剑，鼓声劈浪鸣千雷。鼓声渐急标将近，两龙望标目如瞬。坡上人呼霹雳惊，竿头彩挂虹霓晕。”描绘了在锣鼓喧闹与观众欢呼声中，健儿们快捷如飞剑般奋力划桨，龙舟上下翻飞争先抢夺五彩缤纷

图1　战国　羽人竞渡铜钺
宁波博物院藏

锦标的精彩壮观画面。

历史上最负盛名的龙舟竞渡是在北宋时期开封城西的金明池中进行。金明池原为水军演练场，是皇帝观赏模拟水战的地方。其后天下承平日久，金明池渐成为宴游之皇家园林。宋徽宗时曾增建亭台楼阁，添置奇花异石，而原来的军事训练项目则变为娱乐性的百戏、水傀儡、水秋千与龙舟竞渡等水戏表演。每年三月金明池向百姓开放，称为“开池”。汴京居民倾城而出，偕往桃红柳绿、春意盎然的金明池畔踏青并观赏水戏。据宋人孟元老《东京梦华录》记载，皇帝驾临金明池，先赐宴群臣，然后乘坐大龙舟看水戏表演，再往临水殿观赏龙舟竞渡的冲刺夺标，最后到宝津楼欣赏百戏杂耍。金明池边的庭榭特准商民铺设珍玉、奇玩、匹帛、日用物品、茶酒、饮食以及表演等彩棚，供民众采买歇腿，此时的皇家园林摇身一变而成百姓游乐公园。

元代画家王振鹏在《龙池竞渡图》（图2）中详细描绘宋徽宗崇宁年间三月三日开放金明池，出锦标与万民同乐的情景。临水殿阁是皇帝驾临金明池观赏水戏、赐宴大臣之处。画面右方为皇帝巡游之大龙舟（图3），左右各装三支大桨，每四人合划一桨。船上建有三层楼台，雕梁画栋，华丽至极。船艏龙头栩栩如生，张口吐舌气势慑人。船身满布龙鳞，层层叠叠，一丝不苟。另有八九艘小型龙舟，结构精巧，是竞渡的主力队伍，船上各附六到

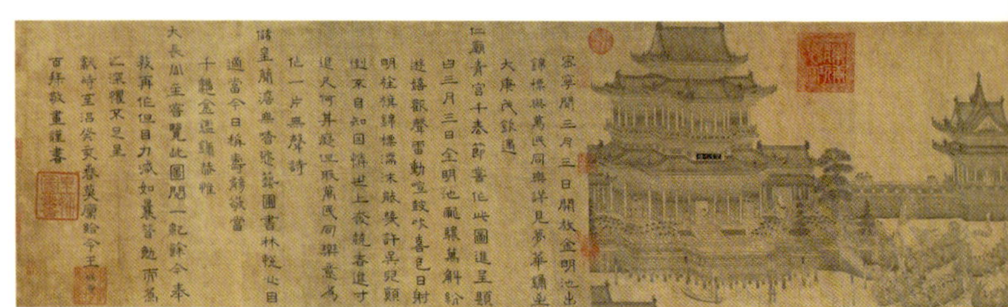

图2　元　王振鹏　龙池竞渡图　台北故宫博物院藏

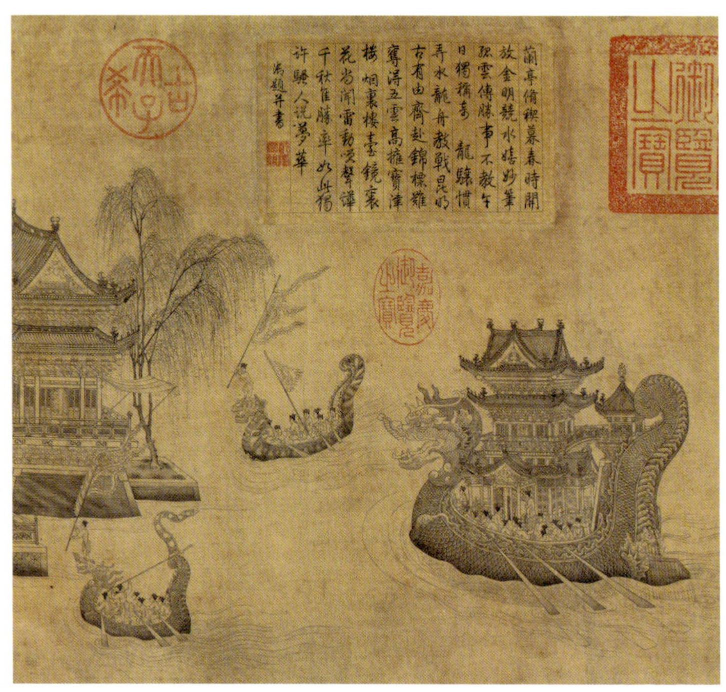

图3　元　王振鹏　龙池竞渡图（局部 大龙舟）　台北故宫博物院藏

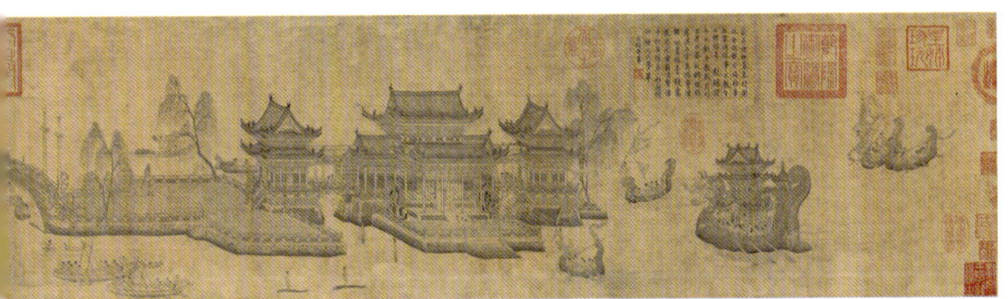

图4　元　王振鹏　龙池竞渡图（局部 鱼形独木舟）　台北故宫博物院藏

十桨不等，一人掌一桨，中央立一人，持小旗指挥号令，龙头上立一人，持大旗引导行船并肩负夺标重任。

除了竞赛诸舟，还有表演杂耍特技的小船间杂其间，有抱胸稳立于鱼形独木舟上者（图 4），有击鼓上杆与船上荡秋千者

图5　元　王振鹏　龙池竞渡图（局部 上杆、水秋千） 台北故宫博物院藏

（图5），为比赛添加不少欢乐的气息。过了“骆驼虹桥”后，即抵达五殿相连的宝津楼（图6）。宝津楼是皇帝登高观看金明池骑射与百戏之处，重殿玉宇，气势雄杰。夺得锦标的旗手正在向

图6　元　王振鹏　龙池竞渡图（局部 宝津楼） 台北故宫博物院藏

栏杆后的大臣致意，殿内一臣躬身捧笏，似在报告水戏情况。整幅画呈现出古代龙舟竞渡万民同乐的热烈景象。

驱疫除厄 话钟馗

每年农历五月五日的端午节除了紧张刺激、锣鼓喧天的龙舟竞渡外，还有张贴钟馗画像的习俗。有关钟馗驱鬼的传说早在唐代已有。相传唐明皇于梦中见到应考不中触阶而亡的钟馗鬼魂正在驱逐小鬼，醒后即命画家吴道子依其梦中形象绘制钟馗画像，并昭告天下于岁末悬挂钟馗像以驱邪魅。明代以前民间的钟馗像主要用于岁末，后因钟馗善于抓鬼符合端午避邪驱魔之意，到明代中期以后钟馗信仰渐移入端午节民俗中。

端午时节常出现蟾蜍、蝎子、壁虎、蛇和蜈蚣五种毒虫，旧俗多贴张天师像以镇邪驱逐病害。而五月瘟疫易流行，病死者众，因此人们又请出专门捉鬼的钟馗担当夏季驱五毒除瘟鬼之重任。清代《清嘉录》所载："堂中挂钟馗画图一月，以祛邪魅。"《燕京岁时记》中记录："每至端阳，市肆间用尺幅黄纸，盖以朱印，或绘画天师、钟馗之像，或绘画五毒符咒之形，悬而售之，都人士争相购买，粘之中门，以避祟恶。"由此可知，到了清代，家家户户都会在端午节期间悬挂钟馗像以镇宅驱邪。

钟馗画像大致可分为版画钟馗和绘画钟馗两种形式。版画钟馗强调其神性，大多为"镇宅神判"和"五福钟馗"等形象，或是钟馗手持七星剑，瞪着铜铃般大眼刺杀小鬼，以彰显镇宅驱邪功能，或是钟馗抓鬼与五种毒虫，以驱邪镇宅并降福趋吉。画中也会出现八卦太极图、五雷镇五毒神符以及"灵符镇宅""驱邪降福"等朱文印章，加强驱邪纳福之效果。

绘画钟馗则较版画多样化，主角同样是钟馗，但画中情境则因画家各自的创意而妙趣横生，如清代华嵒《午日钟馗》中的钟馗歪戴乌纱帽，醉眼蒙眬地欣赏着园中蜀葵榴花盛开美景，旁边的鬼卒表情生动，令人莞尔。画家题诗曰："黄油纸伞日边遮，中酒钟馗纱帽斜。醉眼也随蜂蝶去，小西园里闹群花。"与民俗版画肃杀除魔的神性钟馗截然不同，华嵒的午日钟馗呈现出有血有肉的人性钟馗。而清人所绘《丰绥先兆图》（图 1）则俏皮地展现幽默与祥瑞之意趣，画题"丰绥先兆"取"封祟仙照"之谐音。上方一蝙蝠翱翔于天，钟馗着朱袍坐在四鬼身上，脱下乌帽正揽镜自照。史称钟馗相貌丑陋，所以，钟馗看着镜中的自己也

图1　清　丰绥先兆图　台北故宫博物院藏

图2　清　金廷标　钟馗探梅　台北故宫博物院藏

不免吓一跳，被压坐的四名小鬼却是一副无可奈何的表情，展现出画家的巧思。清代画院画家金廷标《钟馗探梅》（图2）描绘出钟馗踏雪寻梅之雅兴。钟馗头戴竹笠，足蹬破靴，撩袍于背以盛放所摘大捆梅花，仆从口衔梅枝手撑破伞随其身后。雪天探梅

图3 （传）明　李士达　寒林钟馗
台北故宫博物院藏

的情境实则隐喻钟馗孤傲不群的个性。

据东晋葛洪《抱朴子》记载，树林中每多魑魅魍魉等出没，故钟馗常出现于寒林，是以历代流传不少以“寒林钟馗”为题之画。如传为明代画家李士达的《寒林钟馗》（图3）中，钟馗戴笠骑牛赶路，四名鬼役持梅枝、荷琴囊、捧书卷随侍其侧。钟馗弓背缩身于牛背，竹笠帽帷被朔风吹得猎猎作响，风中寒柳与飞鸣乌鹊烘托出一片萧瑟肃杀的景象。明四大家之一的文徵明《寒林钟馗》(图 4) 则呈现出另类的钟馗形象。钟馗立于寒林之中，有别于持剑斩鬼的武将样貌，他腰插笏板，拢手于袖，略带微笑地抬眼望着林梢，俨然一派文士风神。乾隆皇帝非常赞赏此画，在金粟山藏经纸裱成的诗塘上题道："疑是地仙抑鬼仙，寒林漠漠立轻烟。长髯袖手如微笑，幻阅人间二百年。"

端午节除了赛龙舟、吃粽子、佩香囊外，还有悬"天中五瑞"之习俗。天中为端午之别称，因夏至时，太阳直射北回归线，古人认为五月五日太阳行至中天最高点，得一年之天地正中元气，故端午节又称为天中节。为了对付在端午节期间出没的五毒，古人找出有消炎、镇痛、祛风邪、散寒湿等功效的菖蒲、艾草、石榴花、蒜头和龙船花五种药性植物，用来辟邪驱瘟，五者合称"天中五瑞"。菖蒲含有挥发性芳香油，可杀虫灭菌，且叶形似剑，插于门楣可以避邪，有驱魔祛鬼之效，因而有"蒲剑斩千邪"之说。菖蒲也因此被认为是"天中五瑞"之首。艾草的香味可以驱蚊蝇虫蚁、净化空气，是一种可以治疗疾病的药草，代表百福，插在门口，以保身体健康。所以，俗谚"五月五日午，天师骑艾虎。手持菖蒲剑，瘟神归地府"广为流传。石榴花红似火，

图4　明　文徵明　寒林钟馗　台北故宫博物院藏

果实能生津止渴，解酒祛毒。蒜头气味辛烈，蒜汁能解毒、杀虫、杀菌、消炎，悬于门外以消毒驱疫。龙船花盛开时极似昂首竞渡的龙船，因此得名。把龙船花扎成花束悬于门槛，具有辟邪除瘴之功效。

与端午节相关的绘画也常以天中五瑞作为主题，构图大致分为清供式与成束式两类。清供式宋、元、明一脉相承，以清雅的花草与器物为主体。成束式则以成束之花卉植物置于画面，于明代发展成熟。清供式天中五瑞图可以元人《天中佳景》（图5）为例，梅瓶中插着蜀葵、榴花与菖蒲等五月花卉，榴枝还系着精致香囊，盘中则放着粽子、荔枝与石榴等应景果物。画幅上方另绘四道灵符，中央绘持剑钟馗像。符咒自黄帝时代起，即被视为驱鬼的工具。将怒目仗剑的钟馗和灵符并列，代表神明钟馗保佑着百姓的平安。成束式天中五瑞图则如清代陈舒《天中佳卉》（图6），图中绘端午时节当季花果，菖蒲、蜀葵、榴花、萱草、艾草与枇杷，含蕴驱疫避邪保平安之寓意。端午佳节期间，在家中悬挂如此明亮淡雅的吉祥五瑞图可是绝佳的选择呢！

图5 元 天中佳景 台北故宫博物院藏

图6　清　陈舒　天中佳卉　台北故宫博物院藏

月到中秋分外明

自古以来，每到中秋节，圆亮皎洁的明月都会散发出柔和的光芒。这光芒照耀过历代祖先，也照耀着我们。如宋代词人朱敦儒《水调歌头·偏赏中秋月》中句——“偏赏中秋月，从古到如今。金风玉露相间，别做一般清。是处帘栊争卷，谁家管弦不动，乐世足欢情”，良有以也！

中国古代帝王有春天祭日、秋天祭月之礼制，据古籍载，“天子春朝日，秋夕月”。由此观之，上古时期天子秋天祭月之礼仪或即是中秋节的起源。“中秋”一词最早出现于《周礼》，八月为孟、仲、季三秋之中，十五为月之中，故八月十五称为“仲秋”，亦称中秋。

据文献记载，汉代在中秋或立秋之日有敬老养老赐饼之活动，晋代则发展为中秋赏月的活动。南北朝时期中秋尚未形成节日，隋唐之时中秋的节令概念逐渐形成。由《唐书·太宗记》“八月十五日为中秋节”之记载可知，一直到初唐，中秋始成为正式节日，而中秋当天也是皇帝赏赐群臣的日子。

唐代长安中秋赏月盛行，于是中秋节遂与“嫦娥奔月”“吴刚伐桂”“玉兔捣药”“杨贵妃变身月神与唐明皇游月宫”等神话故事相结合，为节日增加了不少浪漫气息。到了宋代，中秋节已是全民参与的重大节日。南宋吴自牧《梦粱录》中描述社会各界通宵达旦庆祝中秋节的热闹景象：“金风荐爽，玉露生凉，丹桂香飘，银蟾光满，王孙公子，富家巨室，莫不登危楼，临轩玩月，或登广榭，玳筵罗列，琴瑟铿锵，酌酒高歌，以卜竟夕之欢。至如铺席之家，亦登小小月台，安排家宴，团圞子女，以酬佳节。虽陋巷贫窭之人，解衣市酒，勉强迎欢，不肯虚度。此夜天街买卖，直至五鼓，玩月游人，婆娑于市，至晓不绝。”宋代人们共度中秋佳节，赏月赏桂、酌酒高歌，阖家团圆的情景历历在目，如此欢度中秋的模式一直传承至今。宋徽宗《闰中秋月帖》(图1)写道：“桂彩中秋特地圆，况当余闰魄澄鲜。因怀胜赏初经月，免使诗人叹隔年。万象敛光增浩荡，四溟收夜助婵娟。鳞云清廓心田豫，乘兴能无赋咏篇。”呈现在中秋月圆之夜，万象浩荡，诗人乘兴赋诗，咏唱佳节的愉悦情景，见证了千年前宋代中秋节的荣景。

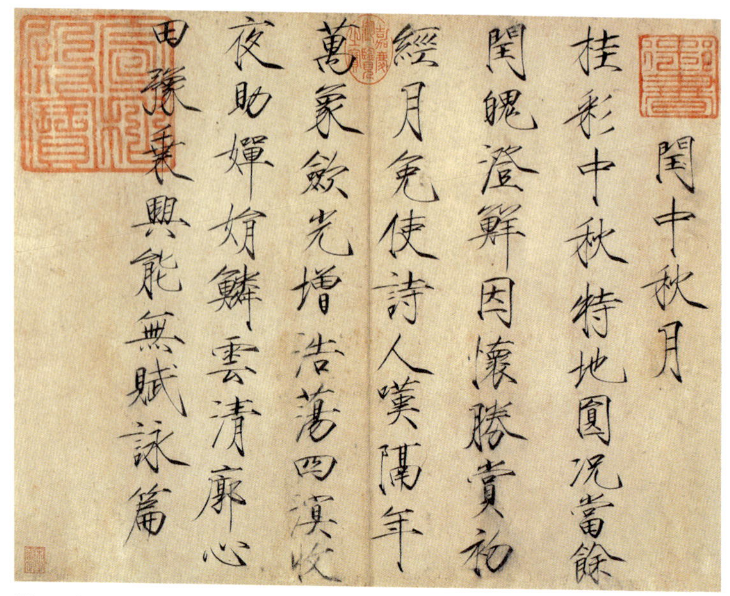

图1　宋　赵佶　闰中秋月帖　故宫博物院藏

月亮是中秋节的核心。古人祭月、赏月兼拜月，到了唐代更出现“玩月”的观念。唐人欧阳詹《玩月诗序》:“月之为玩，冬则繁霜太寒，夏则蒸云太热，云蔽月，霜侵人，蔽与侵俱害乎玩。秋之于时，后夏先冬；八月之于秋，季始孟终；十五于夜，又月之中。稽于天道，则寒暑均；取于月数，则蟾兔圆。”将玩月之精髓阐释得淋漓尽致。唐人韦应物之诗句“暂辍观书夜，还题玩月诗”，点明文人雅士在中秋月夜理应放下书本，题诗玩月才是正事。诗仙李白《花下独酌》：“花间一壶酒，独酌无相亲。举杯邀明月，对影成三人。”皎洁月光下与明月共饮一壶酒，则更能得玩月三昧。

图2　宋　马远　对月图　台北故宫博物院藏

宋代马远《对月图》(图2)将李白之诗入画，朦胧月光中，文士独坐空山，举杯邀请明月共饮，举杯人对天边月，一股清雅孤高之气静静散放。

图3　清　张宗苍　江潮图
台北故宫博物院藏

中秋节最热闹的户外活动当数钱塘观潮，从农历八月十一日到十八日皆宜观潮，而以中秋夜潮最盛。中秋观潮之俗由来已久，早在汉代枚乘《七发》赋中已有生动详尽的描述："江水逆流，海水上潮；山出内云，日夜不止。衍溢漂疾，波涌而涛起。其始起也，洪淋淋焉，若白鹭之下翔。其少进也，浩浩溰溰，如素车白马帷盖之张。其波涌而云乱，扰扰焉如三军之腾装……沌沌浑浑，状如奔马。混混庉庉，声如雷鼓。"耳听雷霆万钧的隆隆潮声，眼观激射震撼的水柱雾气，浪花飞溅的钱塘潮仿佛已在眼前。清张宗苍的《江潮图》（图3）描绘的即是中秋观潮情景。画上乾隆皇帝题诗："重叠束隘相吞吐，方诸应月信必赴。奔江射潮潮性怒，银涛有进无回顾。"呼应着排山倒海如万马奔腾而来之江潮，波浪冲崖撞石，银色怒涛激射的壮阔画面。

图4　清　张廷彦　中秋佳庆　台北故宫博物院藏

图5 清 弘历观月图 故宫博物院藏

宫廷中过中秋节的情景如清代张廷彦《中秋佳庆》(图4)所描绘，明月高悬下的亭台楼阁中正进行着各项活动，由下而上可见担挑食物、手捧餐盘的仆从，侍立庭中候旨等待演出的乐队，廊下三三两两闲谈的官员以及高台上举扇执灯列队表演的宫女们，楼中宾客与主人正欢愉热闹地庆祝中秋佳节。

中秋月夜独自静赏月色亦别有风味。清人《弘历观月图》(图5)描绘乾隆皇帝身着汉装独坐桂树下赏月。身后一随从举障扇侍立，一童仆手捧朱漆茶盘于一旁伺候，茶盘中有一青花盖碗。双层斑竹茶架中摆放着各种茶具。乾隆皇帝安逸地跷脚倚坐，抬头出神地望着一轮明月，享受着难得的清闲时光。

高挂天际的明月照着大地，一片宁静清幽。自古而今，同一轮月亮见证着一代又一代的中国人不断学习成长，引领中华文明绵延发展，生生不息！

后记

本书稿总计约15万字，图版近250张，除了两岸故宫博物院收藏之文物外，通过台湾中华翰维文化推广协会理事长陈春霖引介国家文物交流中心同人协助，得到14家博物馆的大力支持，经过数月联系沟通，终于取得所有图版的使用权。

在此特别感谢（依笔画顺序）上海博物馆、山东省文物考古研究院、中国钱币博物馆、凤翔县博物馆、甘肃省博物馆、宁波博物院、台北故宫博物院、江西省博物馆、青海省博物馆、河北博物院、河北省文物考古研究院、故宫博物院、济南市博物馆、秦始皇帝陵博物院、湖南博物院，无偿出借藏品之高清图片。

在增补重写本书时，特意将原本直白不加修饰的篇名改为更能说明内容且优美如诗一般的七言标题，例如“饮茶”改作“煮煎点泡饮茶趣”、“学校”改作“兴学教化育英才”、“毛笔”改作“苍毫玉管四德全”、“胡人在中国”改作“胡汉融合开盛世”，其中“墨与砚”改作“墨丸入砚细无声”则是引用南宋爱国诗人陆游的诗句。采用七言标题，一则统一篇目格式，二则抒发作者的诗人情怀。

本书美编专业而考究，内文行距宽松，易于阅读，大幅彩色图片与排列疏朗的文字构成清爽大气的版面，文章的七言标题设计为四字与三字两行，配上与内容相应的文物点缀于旁，尤具巧思!

本书之增补修订于庚子鼠年与辛丑牛年间持续进行，简体、繁体版会在两岸共同发行，期望读者们能因阅读本书而引发对中国传统文化深入探究的兴趣，同时祝愿大家阖家幸福，吉祥安康！

图书在版编目（CIP）数据

中华文化之美 / 朱惠良著 . — 北京 : 故宫出版社，2024.1

ISBN 978-7-5134-1473-9

Ⅰ. ①中… Ⅱ. ①朱… Ⅲ. ①中华文化—通俗读物 Ⅳ . ① K203-49

中国国家版本馆 CIP 数据核字（2023）第 130737 号

中华文化之美

朱惠良◎著

出 版 人：章宏伟
责任编辑：程　鹃
装帧设计：王　梓
责任印制：常晓辉　顾从辉
出版发行：故宫出版社
地址：北京市东城区景山前街4号　邮编：100009
电话：010-85007800　010-85007817
邮箱：ggcb@culturefc.cn
制　　版：北京印艺启航文化发展有限公司
印　　刷：北京启航东方印刷有限公司
开　　本：889毫米×1194毫米　1/32
印　　张：10.5
字　　数：190千字
版　　次：2024年1月第1版
2024年1月第1次印刷
印　　数：1-5000册
书　　号：ISBN 978-7-5134-1473-9
定　　价：126.00元